Werner Schmidt

Rundwanderungen Schwäbische Alb Westlicher Teil

Rundwanderungen Schwäbische Alb

Westlicher Teil

Begangen, beschrieben und gezeichnet von
WERNER SCHMIDT
mit einem Geleitwort von
Direktor DR. GEORG FAHRBACH
Präsident des Verbandes
Deutscher Gebirgs- und Wandervereine
und der Europäischen Wandervereinigung

J. Fink Verlag · Stuttgart

»Wanderbücher für jede Jahreszeit«
eine Wanderbuch-Reihe für die schönsten Erholungsgebiete

Umschlagzeichnung, Illustrationen und
Kartenskizzen: WERNER SCHMIDT

ISBN 3-7718-0249-0

1.-10. Auflage: »Rundwanderungen Schwäbische Alb«.
11. Auflage: Neubearbeitung, 1973.
12., überarbeitete Auflage 1975.
13. Auflage, 1975.

Satz und Druck: J. Fink, 7301 Kemnat bei Stuttgart.
Schrift: Times
Siebdruck: Karl Löw, Stuttgart
Printed in Germany

Inhaltsverzeichnis

Mehrtägige Touren

Zum Geleit

Von der Auffassung, nur der sei ein rechter Wanderer, der für die Hin- und Rückfahrt ein öffentliches Verkehrsmittel, also die Eisenbahn, eine Straßenbahn oder einen Omnibus benützt, ist man im Laufe der Jahre abgekommen. Mehr und mehr wird heute auch für die Anfahrt zum Wandern der eigene Pkw benützt. Er ermöglicht es, die Abfahrtszeiten beliebig festzusetzen und die Wanderziele freizügiger zu wählen. Entscheidend ist, daß man seinen fahrbaren Untersatz irgendwo verläßt und dann nicht nur zum nächsten Aussichtspunkt oder gar nur zum nächsten Wirtshaus geht, sondern daß man eine größere Wegstrecke wandert. Der eigene Wagen macht es allerdings notwendig, daß die Gruppe oder wenigstens der *Steuermann* zum Ausgangspunkt der Wanderung, also zum abgestellten Wagen zurückkehrt, was in der Regel zu Fuß geschehen muß.

Um die Wagen gut und sicher, auch an für Wanderungen geeigneten Ausgangspunkten abstellen zu können, haben die Wandervereine, die Forstverwaltungen, die Landkreise und Gemeinden schon vor Jahren die Anlage von *Wanderparkplätzen* betrieben. Von diesen Parkplätzen, die mit einem besonderen Parkschild als solche kenntlich gemacht werden sollen, aus, bezeichnen die im ganzen Bundesgebiet tätigen Wandervereine *Rundwanderwege* von verschiedener Länge, die alle wieder zu den Parkplätzen zurückführen. Wenn wir uns mit diesen Bestrebungen auch noch am Anfang befinden, so stehen den Wanderern doch schon viele Wanderparkplätze und Rundwanderwege zur Verfügung. Die Arbeit geht weiter.

Es ist verdienstvoll, daß sich *Werner Schmidt* daran gemacht hat, einhundert Rundwanderwege auf der Schwäbischen Alb zu beschreiben, zu bebildern und in einem schmucken Wanderführer zusammenzustellen. Ihm und dem Stuttgarter J. Fink Verlag sei dafür namens derer, die diese Parkplätze und Fußwege benutzen und sich dabei dieses Führers bedienen, herzlich gedankt. Mögen viele Menschen von diesen Wandermöglichkeiten Gebrauch machen und mögen immer mehr Menschen erkennen, wie gesund für sie die gleichmäßige Bewegung in frischer, reiner Luft abseits der Hast und Hetze der Straßen und Städte, also das Wandern ist.

Dr. h. c. Georg Fahrbach
Ehrenvorsitzender
des Schwäbischen Albvereins e.V.

Teufelstor bei Gammertingen

Vorbemerkungen

Wandern ist längst wieder »salonfähig« geworden. Teils riet der Arzt dazu, teils entdeckte man selbst die Lust am Schauen und die Freude des Gehens in freier Natur. Dabei braucht man noch nicht einmal in die Ferne zu schweifen, ist doch die Schwäbische Alb ein ideales Wandergebiet. Vielgestaltig und aussichtsreich bietet sie dem aufgeschlossenen Wanderer überall Sehenswürdigkeiten und beschauliche Plätze in buntem Wechsel. Schien es zunächst, daß die Motorisierung das Wandern vollends verdrängen würde, so ist das Auto inzwischen längst zum idealen Zubringer geworden, der die Familie schnell und unabhängig zum Ausgangspunkt führt. Ja, erst durch dieses Verkehrsmittel lassen sich bahnferne Gebiete touristisch erschließen. Ausgezeichnete Wanderführer und Landkarten stehen zur Verfügung, doch fehlte früher die spezielle Anregung zu ausgeklügelten und ausprobierten Rundwanderungen. Man geht nicht gern Wege, deren Verlauf unklar ist, und man möchte nicht gern auf demselben Weg hin und zurück wandern. Diese Lücke wollen die „grünen Bücher" ausfüllen.

Es würde den Rahmen dieses Buches sprengen, wenn man eingehende Betrachtungen über geschichtliche und geologische Gegebenheiten einflechten wollte. Der interessierte Leser findet hierüber ausführliche Abhandlungen im Albführer.

Alle Planzeichnungen dieses Buches sind im Maßstab 1:50000 wiedergegeben. Mit einiger Übung läßt sich somit jede Strecke abschätzen. 2 Zentimeter auf der Skizze entsprechen also etwa einem Kilometer in der Natur. Wer zusätzlich gerne nach den blauen Wanderkarten des Landesvermessungsamtes wandert, kann jede Rundtour auf diesen verfolgen. Der Verfasser hat trotz der druckbedingt einfarbigen Wiedergabe versucht, alle Geländeformen durch entsprechende Schraffur anzudeuten. Schon bald wird der Leser mit der Signatur vertraut sein und sich mühelos danach orientieren können.

Wo immer es möglich war, wurden die in der Natur markierten Wege in die Vorschläge einbezogen. Alle nicht beschilderten Wege sind ohne Risiko zu begehen und meist leicht zu finden.

Zur Erleichterung der Planung sind neben den Gehzeiten auch die annähernden Wegekilometer angegeben. Die Stundenangaben enthalten natürlich keine Rastzeiten und Aufenthalte zum Schauen und Fotografieren.

Viele Ausgangspunkte lassen sich auch mit der Bahn oder mit Omnibussen erreichen. Auf exakte Beschreibung der Anfahrt mit dem Wagen wurde bewußt verzichtet, weil diese aus jeder Autokarte leicht zu entnehmen ist.

In den wenigen Jahren seit Erscheinen der »grünen Bücher« hat der Band »Schwäbische Alb« nun schon zehn Auflagen erreicht. Für viele Hinweise habe ich zu danken und für viele begeisterte Zuschriften. Da immer wieder bedauert wurde, daß das Buch nur fünfzig Tourenvorschläge enthält und mancher schon alle erwandert hat, entschloß ich mich, weitere fünfzig zu beschreiben.

Die scheinbar willkürliche Aufteilung in einen östlichen und einen westlichen Band hat sich bei meinen Schwarzwaldwanderbüchern bestens bewährt: Wer im Raum Aalen wohnt, kann kaum eine Tagestour in den Balinger Bergen unternehmen und wer im Donautal seinen Urlaub verbringt, dem nützen Tourenvorschläge auf der Ostalb wenig. Viele Wanderfreunde freilich werden beide Bände erwerben, zumal ja auch die »alten« Routen seit den ersten Auflagen sich oft verändert haben und weitgehend berichtigt worden sind.

Ich hoffe gerne, den vielen Freunden der Schwäbischen Alb mit den beiden Bänden wieder Anregung und Freude vermitteln zu dürfen.

Werner Schmidt

Wandervorschläge

Die Ausgangspunkte der Rundwanderungen auf der Schwäbischen Alb (westlicher Teil)

NÜRTINGEN
TÜBINGEN
Neckar
2 Tischardt
1 Metzingen
3 Beuren
Erms
4 Hülben
5
REUTLINGEN 27
Eningen
26 25
24
St. Johann
Gönningen
28
29 Öschingen
Talheim
7 6 Urach
8
23 Unterhausen
22 Oberhausen
21 Honau
9 Wittlingen
10
11 Seeburg
MÜNSINGEN 12
Dapfen 13
20 Mägerkingen
14 Bichishausen
Gr. Lauter
19 Neufra
18 Gammertingen
Hayingen 15
16 Erbstetten
Zwiefalten 17
GMARINGEN
Donau
N

1

Von Metzingen über den Florian zum Jusi

Diese aussichtsreiche Rundwanderung hat den großen Vorzug, daß wir den Jusiberg bei angenehmer Steigung und im Schatten des Waldes erreichen. Wer mit der Bahn kommt, folgt am besten der Straße Richtung Nürtingen über den Bahnübergang. Bei der Fabrik *Eugen Ott und Söhne,* wo sich auch Parkplätze finden lassen, weist uns die Beschilderung mit blauem Dreieck den Ströhmfeldweg über den »Stauferweg« bergan. Ohne fehlgehen zu können, kommen wir nach einer halben Stunde im Wald zu einer Wegegabelung und folgen nach links der Beschilderung »Zum Floriansgipfel«, dessen aussichtsreiche Kuppe wir in wenigen Minuten erklimmen.

Bis zu der Wegegabelung gehen wir auf demselben Weg zurück und dann auf gut markiertem, ebenem Waldweg am neuen Sportplatz vorbei zur Straße Metzingen-Kohlberg, die wir sofort überqueren. Bei der Straßengabelung im nahen *Kappishäusern* verlassen wir die nach links weisende Markierung mit blauem Dreieck und folgen der Straße Richtung Urach geradeaus am *Gasthaus »Krone«* vorbei. In der zweiten Ortsteilhälfte geht es unmittelbar nach dem Gasthaus *»Ochsen«* links aufwärts durch die Bergstraße. Hier bedarf es kurz hintereinander zweimal unserer Aufmerksamkeit: wo der geteerte Weg endet, folgen wir dem mittleren der drei weiterführenden Wege! Gleich darauf nach der Linkskurve halten wir uns nicht links, sondern gehen auf dem zunächst ebenen Weg halbrechts am Wiesenhang entlang zum nahen Wald. Bei schöner Szenerie bringt uns der unmarkierte, aber gute Weg teils im Wald, teils am Waldrand auf den von Dettingen heraufkommenden Aufstiegsweg (Markungsschild III/7). Wir folgen nun dem mit blauem Dreieck markierten Waldweg scharf nach links bergauf und erreichen nach wenigen Minuten die sechsfache Wegekreuzung beim *Sattelbogen.* Hier geht es wiederum und mit der gleichen Markierung scharf links auf dem Ströhmfeldweg über den bewaldeten Grat zum Gipfel des *Jusi* mit seinem prächtigen Panorama (¼ Stunde seit Sattelbogen, 2 Stunden seit Metzingen).

Beim *Ströhmfeldgedenkstein* gehen wir über den grasigen Berg-

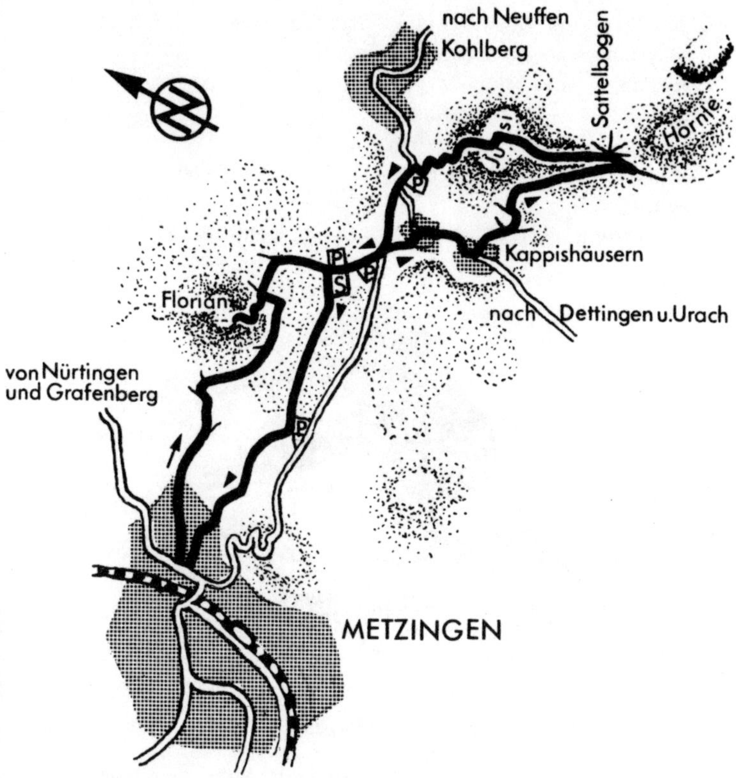

sporn bergab und kommen nach etwa 20 Minuten zum Parkplatz an der Straße bei *Kohlberg.* Wir folgen dieser (auf dem rechtsseitigen Gehweg) etwa sieben Minuten nach links und sind dann wieder auf dem Weg des Anstiegs. Am Waldrand hinter dem Sportplatz folgen wir dem breiten Weg nach links, wo sich bald auch ein Schild »Mittlerer Weg nach Metzingen« findet. Etwa eine Viertelstunde nach dem Passieren des Sportplatzes treten wir bei einem kleinen Parkplatz nahe der Straße aus dem Wald. Hier gehen wir scharf rechts auf dem geteerten Weg durch den Wiesengrund geradewegs Richtung Metzingen. Bald weist uns der Schornstein der Fabrik den Weg zum Ausgangspunkt der Tour, den wir nach etwa 20 Minuten wieder erreichen.

Weglänge etwa 14 km.

Gehzeit etwa 3½ Stunden.

Gesamte Steigung etwa 350 m.

Wanderkarten 1:50000 Blätter L 7520 Reutlingen und L 7522 Urach.

Einkehrmöglichkeit Kappishäusern und Kohlberg (Abstecher).

2

Von Tischardt zum Jusi und Hörnle

Unser Ausgangspunkt liegt linker Hand der Straße von Nürtingen nach Metzingen. Bei der kleinen Dorfkirche weist ein Markierungsschild den Weg in ein kleines Wiesental. Im Talgrund wechseln wir über den Bach und schlendern - von den blauen Dreiecken der Albvereinsmarkierung geleitet - durch die Wiesen in einer guten halben Stunde nach Kohlberg. Hier wenden wir uns kurz nach links, verlassen die Straße aber bereits wieder beim Rathaus und folgen dem blauen Dreieck durch die Schulstraße aus dem Dorf. Beim alten Sportplatz halten wir uns nach rechts und kommen zum Aufstiegsweg, der uns kurz und steil auf den aussichtsreichen Gipfel des *Jusiberges* führt (knapp ¾ Std. seit Kohlberg). Das prächtige Panorama gewährt einen Überblick auf ein halbes Hundert Dörfer und Städte. Bei der Holzhütte beginnt der schattige *Ströhmfeldweg,* der über den Grat des Berges mit leichtem Gefälle zum *Sattelbogen* hinabführt (¼ Std.).

Wer die beschauliche Waldwanderung fortsetzen will, folgt hier weiterhin der Markierung des Ströhmfeldweges, der in kurzem Anstieg zum *Hörnle* führt und dann hinab zum *Schillingskreuz.* Von dort geht links ab der Weg nach *Neuffen*, das man nach etwa 1½ Stunden seit dem Sattelbogen erreicht (Zahlen in Klammern).

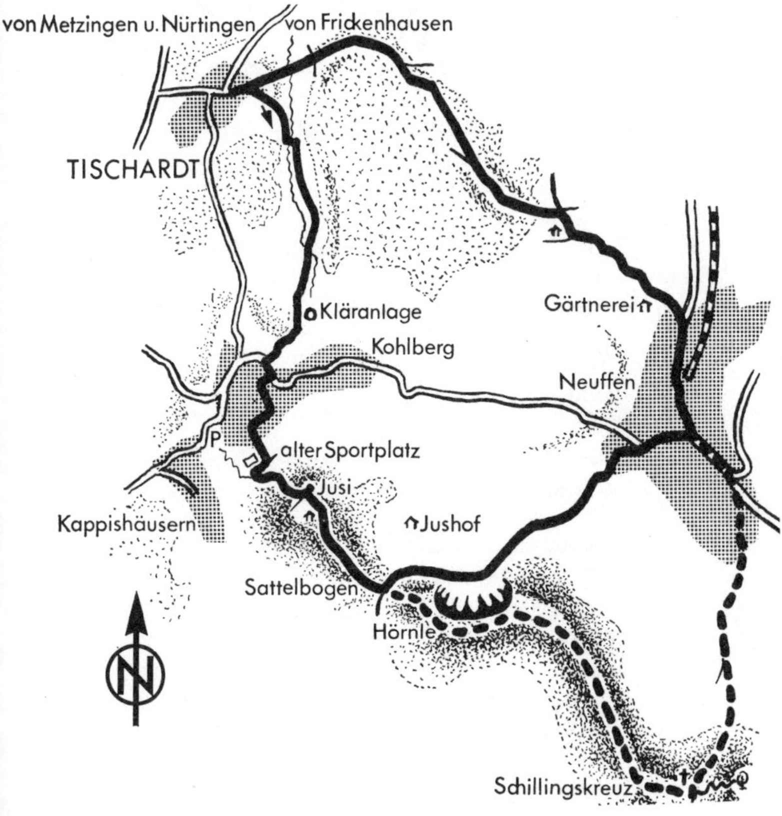

Ein sehr schöner und kürzerer Weg führt direkt vom Sattelbogen bergab zum geteerten Weg zwischen dem riesigen Steinbruch am Hörnle und Neuffen, das wir auf dieser Route bereits nach einer guten halben Stunde erreichen. In Neuffen folgen wir zunächst der Straße in Richtung Nürtingen. Bei der Maschinenfabrik *Schall* verlassen wir dieselbe und folgen nunmehr der Markierung mit blauer Raute auf breitem Feldweg. Nur einmal muß man aufpassen, weil an der wichtigsten Kreuzung nach etwa einer halben Stunde jegliche Markierung fehlt. Unmittelbar nach der Hütte, die wir links liegen lassen, gehen wir nicht bergan, sondern links ab zum Wald, wo die Beschilderung dann wieder lückenlos ist. Später wechselt der breite Waldweg mit einem schmalen Trampelpfad, auf dem wir nach einer weiteren guten halben Stunde, zuletzt wieder markierungsgemäß, durch die Wiesen zum Ausgangspunkt in Tischardt zurückfinden.

Weglänge etwa 15 km (19 km).

Gehzeit etwa 3½ Stunden (4½ Std.).

Gesamte Steigung etwa 350 m (450 m).

Wanderkarten 1 : 50 000 Blätter L 7520 Reutlingen und L 7522 Urach.

Einkehrmöglichkeit Kohlberg und Neuffen.

3

Von Beuren über den Brucker Fels zum Hohenneuffen

Unser Ausgangspunkt befindet sich zwischen Owen und Neuffen. Ein neuer Parkplatz bei der Abzweigung der Straße nach Erkenbrechtsweiler eignet sich zum Abstellen des Wagens. Von dort gehen wir wenige Schritte auf obiger Straße bergan bis zur Pumpstation. (Wer vom Dorf kommt, erreicht diesen Punkt über die »Alte Steige«, zuletzt auf einer Treppe die direkt zu dieser Stelle führt.) Hier weist uns ein Schild den Weg am letzten Haus vorbei, dann halbrechts zu einer Viehkoppel. Durch einen der beiden Durchgänge gehen wir zum nahen Waldrand und steigen auf gut markiertem Pfad (blaues Dreieck) in etwa ¾ Stunden zum aussichtsreichen *Beurener Fels* hinauf. Nun geht es fast eben zum nahen *Schlupffels* und nach kurzer Kammwanderung dem linksseitigen

Trauf entlang in einer guten halben Stunde zu den Aussichtskanten beim *Brucker Fels,* mit prächtigem Blick über das Lenninger Tal zur nahen Teck. Wir verlassen nun den Trauf der »Baßgeige« und folgen dem roten Dreieck waldeinwärts. Über den *Heidengraben* und den Wanderparkplatz gelangen wir in 20 Minuten zum Ortsrand von Erkenbrechtsweiler. Wir überqueren die Straße und gehen geradeaus weiter. Bei der ersten oder zweiten Kreuzung gehen wir nach rechts aus dem Dorf. Kurz nach Erreichen der neuen Straße zum Hohenneuffen wechseln wir nach rechts zum Trauf (Rundweg 1, später auch 2), wo wir bei Waldeintritt nacheinander die Aussichtspunkte *Hillerstein, Marienfelsen* und *Klingenteichfels* passieren. Hier vereinigt sich unser Traufpfad wieder mit dem rot markierten Albvereinsweg, der uns in leichtem Auf und Ab nach etwa ¾ Stunden zum *Wilhelmsfelsen* führt, wo sich der schönste Blick zum Hohenneuffen eröffnet. Gleich darauf kommen wir zum Parkplatz und trotten im Verein mit den sonntäglichen Stöckelschuhtouristen vollends zur gut instand gesetzten Völkerburg des *Hohenneuffen* mit seiner weiten Rundsicht ins Albvorland und auf die flankierenden Berge des Albrands. Nun gehen wir zurück zur Senke, wo sich die Wege kreuzen und folgen

der blauen Markierung nach links. Zunächst auf steilem Zickzackpfad, später auf breitem Waldweg und zuletzt durch die dorfnahen Obstwiesen erreichen wir nach etwa ¾ Stunden wieder den Ausgangspunkt.

Weglänge etwa 15 km. *Gehzeit* etwa 4 Stunden.
Gesamte Steigung etwa 350 m.
Wanderkarte 1 : 50 000 Blatt L 7522 Urach.
Einkehrmöglichkeit Erkenbrechtsweiler und Hohenneuffen.

4

Vom Burrenhof rund um das Kienbein zum Hohenneuffen

Als Ausgangspunkt für diese bequeme und lohnende Rundtour wählen wir einen der Parkplätze beim *Burrenhof,* zwischen Erkenbrechtsweiler und Hülben. Wir folgen zunächst dem verkehrsfreien Sträßchen zum nahen *Hülben.* Bei der Linde am Ortseingang weist uns ein Schild den Weg Richtung Hohenneuffen. Beim Erreichen des Traufwaldes nicht links das sogenannte Totensteigle absteigen, sondern auf schmalem Traufpfad am *Segelfluggelände* entlang zum *Seizenfelsen* wandern (Achtung: kurz vorher zweigt der mit rotem Dreieck markierte Weg zum Hohenneuffen nach rechts über die Wiesen ab, während wir nunmehr dem blauen Dreieck folgen!).

Bereits zehn Minuten später überrascht uns der *Deckelesfels* mit einer noch schöneren Aussicht, als zuvor vom Seizenfelsen. Der Blick reicht übers Wachtertal und Ermstal bis ins Neckartal.

Wir wandern nun 100 Meter zurück und dann nach links, immer im Traufwald, in einer Viertelstunde zur *Karlslinde,* einem hübschen Rast- und Aussichtspunkt. Nach wenigen Schritten gehen wir nicht links ab Richtung Schillingskreuz und Jusi, sondern weiter auf dem schmalen Traufpfad, wo wir nach einer knappen halben Stunde wieder die rote Dreiecksmarkierung Richtung Hohenneuffen vorfinden. Bald treten wir aus dem Wald und kreuzen beim Rast- und Spielplatz am Hülbener Straßenpaß die von Neuffen heraufkommende Straße Richtung Urach. Nach wenigen Schritten auf der Straße zum Burrenhof weist uns die Markierung mit rotem Dreieck nach links am *Steinbruch* vorbei waldeinwärts. Der Trauf-

pfad führt uns nach 20 Minuten zum aussichtsreichen Vorsprung des *Barnbergs,* nach einer weiteren Viertelstunde ins Felsengebiet des *Molach.* Kurz darauf bieten sich fotogene Ausblicke zum nahen *Hohenneuffen,* dessen Parkplatz wir bald erreichen. Von hier geht es nach links zur aussichtsreichen Ruine der ehemaligen Völkerburg und auf gleichem Weg wieder zum Parkplatz zurück.

Neben der Straße wandern wir nun etwa 500 Meter Richtung Erkenbrechtsweiler. Unmittelbar, bevor die Straße eine Linkskurve macht, weist ein Schild mit roter Raute den Weiterweg nach rechts in den Wald Richtung Kaltental. Bei der Linde auf der Wegekreuzung nach etwa 10 Minuten (seit der Straße) gehen wir geradeaus, bei der Lichtung nach weiteren 10 Minuten können wir anstatt auf die

Straße zu gehen, auch rechts in den Wald wandern. Nach 200 Meter geht es links zum Waldparkplatz, von wo es nur noch wenige Schritte zum Ausgangspunkt beim *Burrenhof* sind (1 Std. seit Hohenneuffen).

Weglänge etwa 16 km.

Gehzeit etwa 4 Stunden.

Gesamte Steigung etwa 100 m.

Wanderkarte 1:50000 Blatt L 7522 Urach.

Einkehrmöglichkeit Hohenneuffen und Burrenhof (montags geschlossen).

Bemerkungen: Dank des schattenspenden Traufwaldes läßt sich die Tour auch an warmen Tagen durchführen. Besonders zu empfehlen ist sie an Werktagen, da die vielen Parkplätze sonntags an einigen Stellen zu starkem Fußgängerverkehr beitragen.

Ältere Leute können die Wanderung auch halbieren, indem sie beim Kinderspielplatz zum Ausgangspunkt zurückkehren. Der Rest der Tour läßt sich durchaus als separate Rundwanderung durchführen.

5

Von Hülben zum Buckleten Kapf und Nägelesfelsen

Hülben liegt auf der Vorderen Alb zwischen Neuffen und Urach. Wir parken am nördlichen Ortseingang, können aber auch am westlichen Ortsrand den Wagen abstellen, wo sich auch die Markierungstafel zum *Buckleten Kapf* befindet. Wir folgen der roten Raute der Albvereinsmarkierung auf geteertem Feldweg, erreichen bald den Wald und nach etwa einer halben Stunde den leider etwas verwachsenen Aussichtspunkt obigen Namens. Nun leitet uns der rote Dreiblock und die Ziffer 4 der örtlichen Markierung auf reizvollem Traufpfad in knapp 30 Minuten zu den *Nägelesfelsen.* Von der Ruhebank bietet sich erstmals ein freier Blick zum gegenüberliegenden Galgenberg und zur Hohen Warte. Nach weiteren 10 Minuten sind wir bei den sogenannten *Höllenlöchern.* Es lohnt sich, nach rechts durch die schluchtartigen Vertiefungen abzusteigen, um am Ende der abgesprengten Trauffelsen wieder zum Weg zu kommen. Mit leichtem Gefälle gehen wir noch einige Minuten weiter in Richtung

Urach. Von der bald erreichten Ruhebank bietet sich ein prächtiger Blick über Urach ins Seeburger Tal, zum Uracher Wasserfall, auf Hohenurach und den imposanten Rutschenfelsen. Wenige Meter weiter befindet sich nochmals ein *Höllenloch*, ein senkrechter Schacht in unterirdische Hohlräume, der durch eine Umzäunung abgesichert ist. Hier halten wir uns nun scharf nach links und gehen auf breitem Weg durch den Tannenwald zurück. Bald vereinigt sich unser Weg mit einem von links einmündenden, markierten Pfad. Dem roten Dreiblock und der »4« folgend, treten wir nach einer guten Viertelstunde aus dem Wald. Zwischen Kläranlage und Steinbruch kommen wir zur Straße, die wir aber sofort wieder nach links verlassen. Der Weg führt uns direkt zum Ausgangspunkt beim Markierungsschild am Ortsrand.

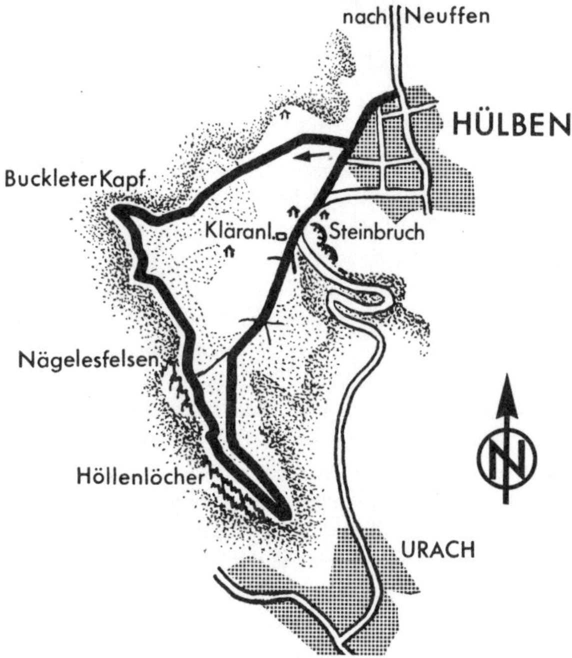

Weglänge 8 km. *Gehzeit* 2 Stunden.
Gesamte Steigung etwa 60 m.
Wanderkarte 1 : 50 000 Blatt L 7522 Urach.
Bemerkungen: Ein angenehmer Spazierweg, den sich auch ältere Wanderfreunde zumuten können.

6

Von Urach rund um die Hohe Warte

Gleich oberhalb des Haltepunkts *Wasserfall* an der Bahnlinie nach Urach befindet sich ein ausgedehnter Parkplatz, der Start und Ziel dieser prächtigen Rundwanderung darstellt. Immer dem Bach entlang schlendernd erreichen wir auf schattigem Weg in einer halben Stunde den 37 m hohen *Uracher Wasserfall.* Gut markiert geht es nun waldaufwärts zur parkartigen Hochwiese über dem Wasserfall. Mit rotem Dreieck markiert beginnt nun der imposante, halbstündige Aufstieg um den Kessel des Rutschenfelsens herum zur Aussichtskante beim Camererstein. Unsere Markierung führt uns nun auf ebenen Wegen am *Fohlenhof* vorbei in knapp ¾ Stunden zum Gestüt *St. Johann.* Für den Rückweg wählen wir nun den geteerten Weg, der links am nahen Waldparkplatz vorbeiführt, und mit roter Raute und den Wegziffern 2, 3 und 4 gekennzeichnet ist. Nach einer knappen halben Stunde endet der von stattlichen Bäumen gesäumte Teerweg an einer mehrfachen Wegegabelung (Markungsschild: Schweizerwiese XI 6). Hier gehen wir auf dem breiten Weg am rechten Waldrand, verlassen ihn aber bei der Biegung nach 200 m und wechseln weglos über die Lichtung zum linken Waldrand. Schon nach wenigen Minuten erreichen wir den Traufwald und schlendern nun, der Markierung mit rotem Dreiblock folgend, etwa 1 km nach rechts. Ein Schild weist uns nun den Abstieg zu den *Gütersteiner Wasserfällen,* die wir nach wenigen Minuten erreichen. Von hier geht ein steiler Pfad den Wasserfällen entlang, direkt zum Gestütshof Güterstein hinab. Wer einen bequemeren Abstieg vorzieht, folgt kurz dem breiten Weg eben weiter und erreicht alsbald einen guten Holzabfuhrweg, der mit geringem Gefälle zum Parkplatz in der Talsohle führt (½ Std. seit Wasserfall).

Weglänge etwa 16 km. *Gehzeit* 4 Stunden.

Gesamte Steigung 350 m.

Wanderkarte 1:50 000 Blätter L 7522 Urach und L 7520 Reutlingen.

Einkehrmöglichkeiten Imbißstube über dem Wasserfall, Naturfreundehaus Rohrauer Hütte sowie in St. Johann.

Bemerkungen: Wer abkürzen will, kann beim Fohlenhof rechts direkt zu den Gütersteiner Wasserfällen absteigen. Die Wanderung ist besonders im Frühjahr zu empfehlen, wo die Fälle erfahrungsgemäß am meisten Wasser führen.

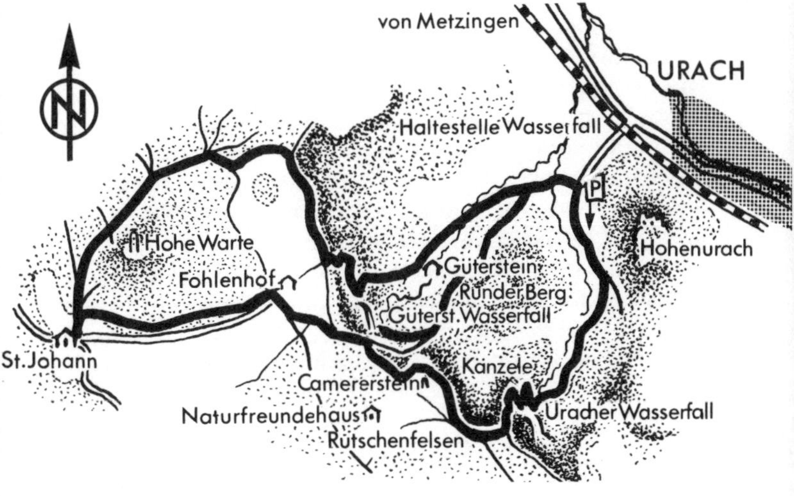

7

Von Urach zum Eppenzillfelsen und zur Ruine Hohenurach

Als Ausgangspunkt für diese überaus lohnende Fels- und Aussichtswanderung wählen wir den *Bahnhof Urach.* Gleich beim Finanzamt überqueren wir die Gleisanlagen und folgen der roten Raute und der Beschilderung »Zum Hannerfels« waldaufwärts zum *Höhenfreibad.* Jenseits der Straße führt der markierte Pfad bergauf. Beim Erreichen des Waldsträßchens gehen wir kurz links und dann auf dem breiten Weg nach rechts. Nach der großen Kehre achten wir auf den schmalen, wieder mit roter Raute markierten Waldpfad, der uns direkt zum aussichtsreichen *Hannerfelsen* führt (¾ Std.).

Von hier aus folgen wir der guten Markierung mit rotem Dreiblock, schlendern immer am Trauf entlang und erreichen nach knapp einer halben Stunde den *Eppenzillfelsen* mit schönem Überblick über die ganze Wanderroute.

Nach etwa 10 Minuten passieren wir eine Wegekreuzung in einer Talsenke. Hier gehen wir auf dem rechten der beiden Trampelpfade kurz bergan. Bald sind wir wieder am aussichtsreichen Steilabfall und kommen zum *Camerer-Gedenkstein* auf dem Rutschenfelsen.

Die nächsten 10 Minuten lassen wir uns vom roten Dreieck führen. Bei der Gabelung des breiten Waldwegs verlassen wir die Hochfläche und gehen gemäß der Beschilderung »Hölle, Wasserfälle« nach rechts bergab. Bei der scharfen Linkskurve verlassen wir das Waldsträßchen, gehen geradeaus weiter bis zur nahen Schutzhütte und steigen dort markierungsgemäß auf anfangs steilem Zickzackpfad nach rechts ab zur *Hölle.* Beim Erreichen des ebenen Waldwegs folgen wir dem roten Dreiblock nach rechts und wandern unter den Felsabstürzen durch das Kar in ¾ Stunden (seit dem Camererstein) zur Hochwiese über dem Uracher Wasserfall.

Von hier aus leitet uns wieder das rote Dreieck fast eben am *Gustav-Schwab-Denkmal* vorbei in knapp 20 Minuten zur *Kreuzhütte.* Ein kleiner Abstecher führt in einer knappen Viertelstunde hinauf zur umfangreichen *Ruine Hohenurach* mit Prachtblick ins Ermstal.

Nach Rückkehr zur Wegekreuzung unterhalb der Kreuzhütte

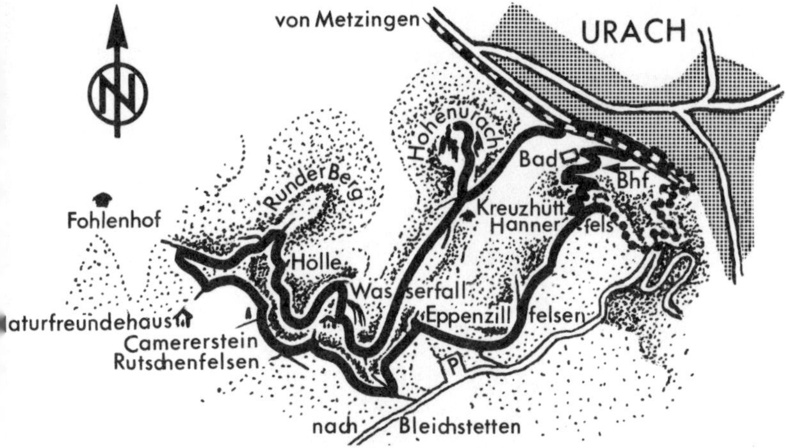

folgen wir der Markierung Richtung Urach nach links, passieren kurz vor der modernen *Jugendherberge* die Bahnunterführung und erreichen auf dem Gehweg entlang der Straße wieder den Ausgangspunkt beim *Bahnhof* (gut ½ Std. seit Ruine).

Weglänge etwa 16 km.

Gehzeit etwa 4 Stunden.

Gesamte Steigung etwa 400 m.

Wanderkarte 1:50000 Blatt L 7522 Urach.

Einkehrmöglichkeit Rohrauer Hütte, Wasserfallhütte, evtl. Hohenurach.

Bemerkung: Östlich des Bahnhofs führt alternativ ein mit rotem Dreiblock markierter Weg ebenfalls zum Hannerfels (siehe gestrichelte Linie auf Planskizze).

8

Von Urach über den Hochberg zur Wittlinger Schlucht

Beim dicken Turm in der Ulmer Straße weist uns eine Tafel den Aufstieg zum *Michelskäppele.* Vom gelben Dreieck geführt, geht es auf schattigen Waldwegen bei angenehmer Steigung in einer halben Stunde zum Pavillon. Auf reizvollem Hangweg schlendern wir nun

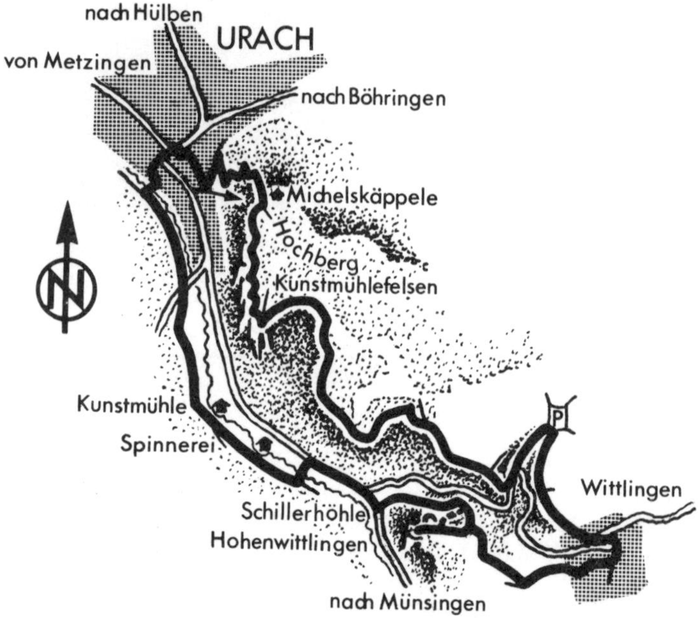

am Trauf entlang von Felsen zu Felsen in einer weiteren halben Stunde zum *Kunstmühlefels,* gleichfalls mit Prachtblick ins Ermstal.

Nun beginnt eine geruhsame Waldwanderung, immer in Traufnähe, bis wir nach etwa ¾ Stunden zur Straße kommen. Hier folgen wir der Markierung und dem geteerten Sträßchen in Richtung »Schanz«, nach wenigen Minuten aber dem gelben Dreieck rechts waldaufwärts zum nahen Ort *Wittlingen* (insgesamt 2 Std.).

Unterhalb der Kirche weist uns ein Schild mit gelber Raute den Weg zur Ruine *Hohenwittlingen.* Nach einer Viertelstunde gabelt sich der Weg: wer die aussichtsreiche Ruine aufsuchen will, geht noch eine Viertelstunde weiter. Man kann hernach über die *Schiller-* oder *Schillingshöhle* direkt zur *Wittlinger Schlucht* absteigen, deren eindrucksvollerer Teil freilich etwas oberhalb ist.

Es empfiehlt sich deshalb von der Ruine bis zur Gabelung zurückzugehen und hier dem markierten Talweg durch die Schlucht zu folgen. Im »Faitel« (Talende der Schlucht) fesseln die Zacken der Mockenrainfelsen den Blick, ehe wir die vielbefahrene Talstraße erreichen. Hier gehen wir gemäß der Markierung mit gelbem Dreiblock einige hundert Meter neben der Straße talabwärts, wechseln bei der Häusergruppe zum linken Waldrand und schlendern auf dem »Grünen Weg« zum Ausgangspunkt zurück (etwa 1½ Std. seit Wittlingen).

Weglänge etwa 16 km. *Gehzeit* etwa 4 Stunden.

Gesamte Steigung etwa 300 m.

Wanderkarte 1:50000 Blatt L 7522 Urach.

Einkehrmöglichkeit Wittlingen.

Bemerkungen: Eine Wanderung, die man auch an warmen Tagen riskieren kann. Der Abstieg erfordert bei feuchter Witterung griffiges Schuhwerk und einige Achtsamkeit. Zum Besuch der Höhle, die aus Weinlands »Rulaman« bekannt ist, sollte man Fackeln oder Taschenlampen mitnehmen.

9

Von Wittlingen ins Seeburger und Fischburger Tal

Wir stellen den Wagen in der Nähe der Kirche in Wittlingen ab, das wir über die Straße von Urach nach Münsingen als Abstecher erreichen. Der gelben Raute des Albvereins folgend, geht's zunächst durch die dorfnahen Obsthalden, dann durch den Wald auf schmalem Pfad in einer halben Stunde zur Feste *Hohenwittlingen.* Die umfangreiche Burgruine ist gut instand gesetzt und bietet einen prächtigen Blick ins Seeburger Tal. Nun gehen wir wenige Schritte zurück bis zur Unterstandshütte und folgen nach rechts der Markierung mit gelbem Dreiblock Richtung »Baldeck - Seeburg« in leichtem Auf und Ab auf reizvollem Traufweg. Felspartien und Aussichtspunkte beleben den Weiterweg zur Ruine *Baldeck*, an der wir nach etwa ¾ Stunden vorbeikommen. Nach einer weiteren Viertelstunde erreichen wir den Talgrund, den wir auf einer der beiden kleinen Brücken überqueren. Vorbei an einem großzügig angelegten Parkplatz mit Rast- und Spielwiese erreichen wir, weiter vom gelben Dreiblock geführt, auf ebenem Weg am Waldrand in 20 Minuten *Seeburg.* Hier queren wir die Straße nach Münsingen und folgen 200 Meter dem Sträßchen nach *Hengen.* Links haltend, verlassen wir den reizvollen Ort und wandern am Waldrand entlang, immer

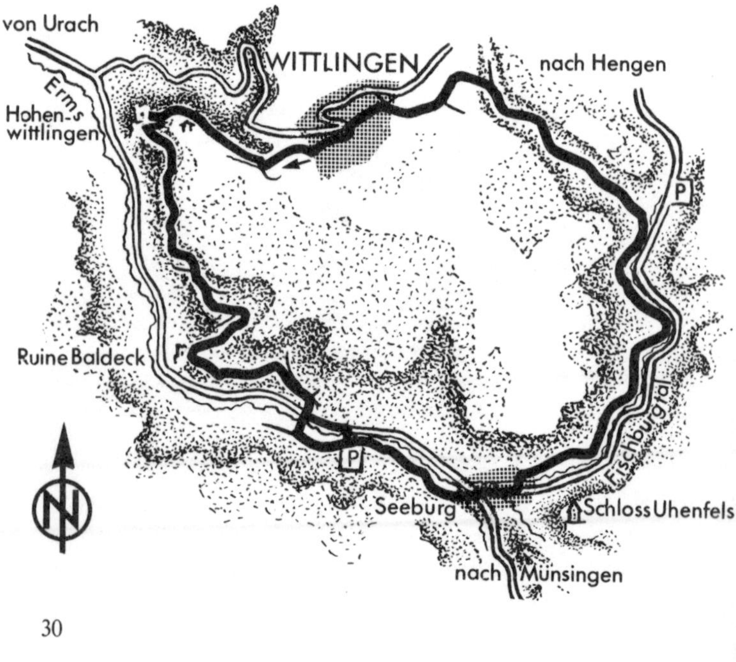

dem gelben Dreieck folgend, talaufwärts. Nach knapp ¾ Stunden weist links ein Wegschild nach Wittlingen. Da rechter Hand an der Straße ein Parkplatz sichtbar ist, kann man die Abzweigung nicht verfehlen. Wir folgen nun wieder der gelben Raute, erst ansteigend durch den Wald, dann durch ein liebliches Hochtal. Der später geteerte Weg führt uns nach links, zur Hochfläche, wo man halblinks bereits die Dächer von Wittlingen erkennt, das wir nach etwa 45 Minuten (seit Parkplatz) bequem erreichen.

Weglänge etwa 16 km. *Gehzeit* 3½ bis 4 Stunden.

Gesamte Steigung etwa 200 m.

Wanderkarte 1 : 50000 Blatt L 7522 Urach.

Einkehrmöglichkeit Seeburg, bzw. Wittlingen.

Bemerkung: Selbstverständlich läßt sich die Tour auch in Seeburg beginnen oder auf dem Parkplatz beim Rast- und Spielplatz kurz davor.

10

Vom Seeburger Tal über den Föhrenberg und Blasenberg zum Schorrenfels

Als Ausgangspunkt wählen wir den reizvollen *Spiel- und Rastplatz* jenseits der Erms an der Straße von Urach nach Münsingen, einen Kilometer vor Seeburg. An den Parkplätzen entlang folgen wir dem Weg durch das Seitental waldaufwärts und erreichen unmarkiert, aber ohne fehlgehen zu können, nach einer halben Stunde *Rietheim.* Wir folgen der Dorfstraße nach rechts, gehen am Gasthaus *Lamm* und an der kleinen Kirche vorbei und folgen dann dem gelben Dreieck der Albvereinsmarkierung am Gasthaus *Grüner Baum* nach rechts. Auf dem aussichtsreichen Sirchinger Weg (neuerdings leider asphaltiert) kommen wir in einer halben Stunde zum Rastplatz am Waldrand des Kleinen Föhrenbergs, wo sich ein reizvolles Panorama über die Münsinger Alb bietet.

Wenige Minuten später kommen wir zu einer gut beschilderten Straßengabelung. Nach rechts gehend passieren wir eine *Jagdhütte* und nach leichtem Gefälle die markierte Abzweigung mit gelbem Dreiblock Richtung Urach (wer die Tour abkürzen will, kann hier zu Tal gehen und dort nach rechts zum Parkplatz gelangen). Wir folgen weiter dem gelben Dreieck waldaufwärts, wo nach etwa 300 Meter unser Zeichen auf einen Waldpfad nach rechts weist. In leichtem Anstieg erreichen wir den *Blasenberg* mit hübscher Aussicht auf die Orte und Berge der Uracher und Reutlinger Alb.

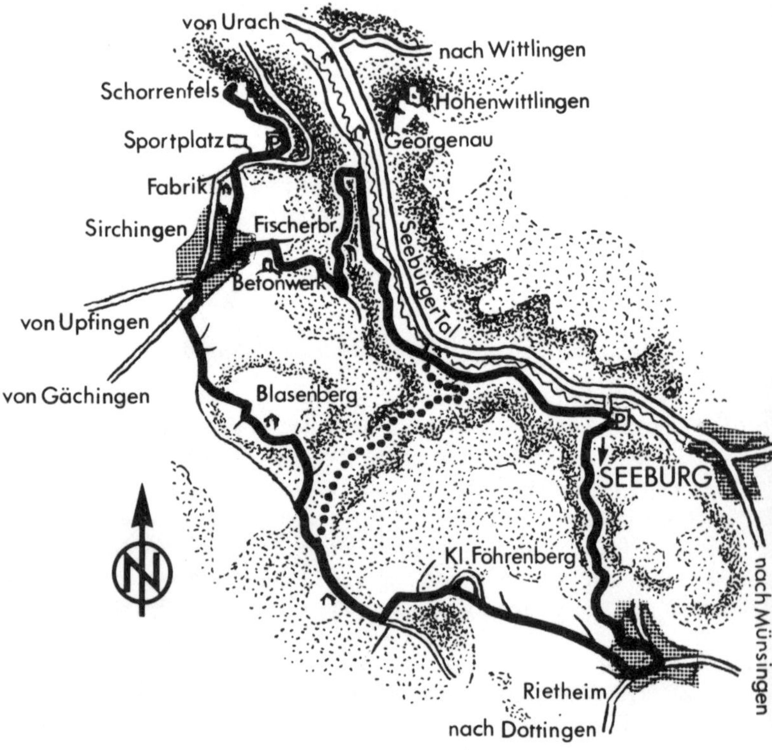

Wir gehen an der linken Waldkante entlang und kommen kurz nach der freistehenden Hütte zu einem einzelnen Baum. Hier geht es 30 Meter nach rechts und sofort wieder links bergab zur Kreuzung am Sirchinger Ortsrand Richtung Upfingen. Wir durchqueren das Dorf (1¼ Std. seit Rietheim), bis die Straße sich in Richtung Urach nach links wendet. Dort folgen wir der Markierung zum Schorrenfels auf der verkehrsfreien Alten Straße. Bei der *SERVO*-Fabrik überschreiten wir die Landstraße nochmals und gehen zum nahen Waldparkplatz und auf schmalem Traufpfad zum *Schorrenfels* mit Prachtblick ins Ermstal, auf Urach und zur nahen Ruine Hohenwittlingen (½ Std. seit Sirchingen).

Für den Rückweg wählen wir am besten den soeben beschriebenen Weg bis zum Ort. Bei der Abzweigung der Alten Straße und Poststraße gehen wir nach links auf der Kanzstraße aus dem Dorf. Nach fünf Minuten wechseln wir beim Betonwerk zum Waldrand nach rechts und folgen dort dem neuen, breiten Holzabfuhrweg talwärts nach links. Achtung: nach wenigen Minuten kommt von links (durch den Wegebau derzeit schlecht erkennbar) ein markierter Pfad herein. Wir folgen diesem waldabwärts, passieren bald darauf das *Fischer-Brünnele* und erreichen in einer knappen Viertelstunde (seit der Abzweigung) den Grünen Weg bei Georgenau, unmittelbar unterhalb Hohenwittlingen.

Auf dem mit gelber Raute markierten Weg schlendern wir nach rechts talaufwärts in etwa 40 Minuten zum Ausgangspunkt zurück.

Weglänge etwa 18 km (mit Schorrenfels) sonst 14 km.
Gehzeit etwa 4½ Stunden (3½).
Gesamte Steigung etwa 400 m.
Wanderkarte 1:50000 Blatt L 7522 Urach.
Einkehrmöglichkeit Rietheim und Sirchingen.

11

Von Seeburg durch die Trailfinger Schlucht

Schon allein die Anfahrt durchs reizvolle Ermstal von Urach nach Seeburg rechtfertigt die kleine Rundwanderung. Zwischen dem Rathaus und der Kirche folgen wir dem mit gelbem Dreieck markierten »Münsinger Talweg« ins *Mühltal.* Bald wird das Tal enger, die Felsen zahlreicher und wir kommen fast unmerklich in die sogenannte *Trailfinger Schlucht.* Nach knapp ³/₄ Stunden öffnet sich das Tal bei

einer Wegekreuzung. *Achtung!* Hier verlassen wir den bisherigen, nach Trailfingen führenden Weg und gehen kurz scharf nach rechts auf unmarkiertem Weg waldaufwärts. Bei Waldaustritt nach wenigen Minuten folgen wir weglos dem rechtsseitigen Waldrand, umgehen die Waldspitze und gehen entlang den Telefonleitungen über die Wiese zum jenseitigen Waldrand. Hier geht es auf breitem Weg eben

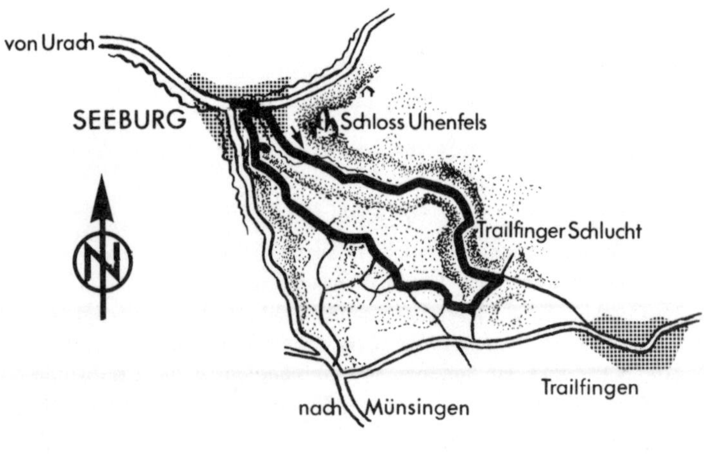

nach rechts, wo wir bald rechter Hand zwei Markierungstafeln mit gelbem Dreiblock erkennen. Von diesen und den Masten geführt geht es nun bei hübscher Szenerie über die Höhe. Bietet sich zunächst ein reizvoller Ausblick nach links zum Dorf Rietheim, so erfreut uns nach dem gut markierten Abstieg beim Kriegerdenkmal auf dem Burgberg ein prächtiger Blick übers Mühltal zum Schloß Uhenfels, über Seeburg ins Fischburgertal und ins Ermstal. Ohne fehlgehen zu können erreichen wir rasch wieder den Ausgangspunkt.

Weglänge etwa 7 km.

Gehzeit etwa $1^1/_2$ Stunden.

Gesamte Steigung etwa 150 m.

Wanderkarte 1 : 50000 Blatt L 7522 Urach.

12

Von Münsingen über Mehrstetten ins Bötten- und Maiental

Als Ausgangspunkt dieser beschaulichen Wanderung wählen wir den *Münsinger Bahnhof,* wo genügend Parkplätze zur Verfügung stehen. Zwischen der *Post* und dem Gasthaus *»Bahnhof«* gehen wir durch die Bismarckstraße zur Wolfgartenstraße, der wir nach rechts aus der Stadt folgen. Zwischen dem aussichtsreichen Beutenlei und der Bahnlinie durchs Heutal gehen wir auf dem ab und zu mit gelber Raute markierten Feldweg, bis wir nach einer starken halben Stunde zum Damm der Apfelstettener Straße kommen. Hier müssen wir markierungsgemäß kurz nach rechts und auf der Ehinger Landstraße wenige Schritte nach links gehen, wo wir zu einem *Waldparkplatz* kommen. Die gelbe Raute führt uns durch den Parkplatz waldaufwärts. Bei zwei Wegegabelungen halten wir uns rechts, bei der dritten gehen wir zwischen dem jungen Fichtenwald und dem Hochwald nach links zur freien Hochfläche. Hier folgen wir dem von links hereinkommenden breiten Weg markierungsgemäß nach rechts bei schöner Aussicht, an den Aussiedlerhöfen vorbei nach *Mehrstetten,* das wir nach insgesamt 2 Stunden erreichen.

Zwischen dem *Rathaus* und der *Kreissparkasse* gehen wir am Gasthaus *Linde* vorbei auf der Lagerstraße aus dem Ort, folgen kurz dem Sträßchen Richtung Böttingen und verlassen es nach

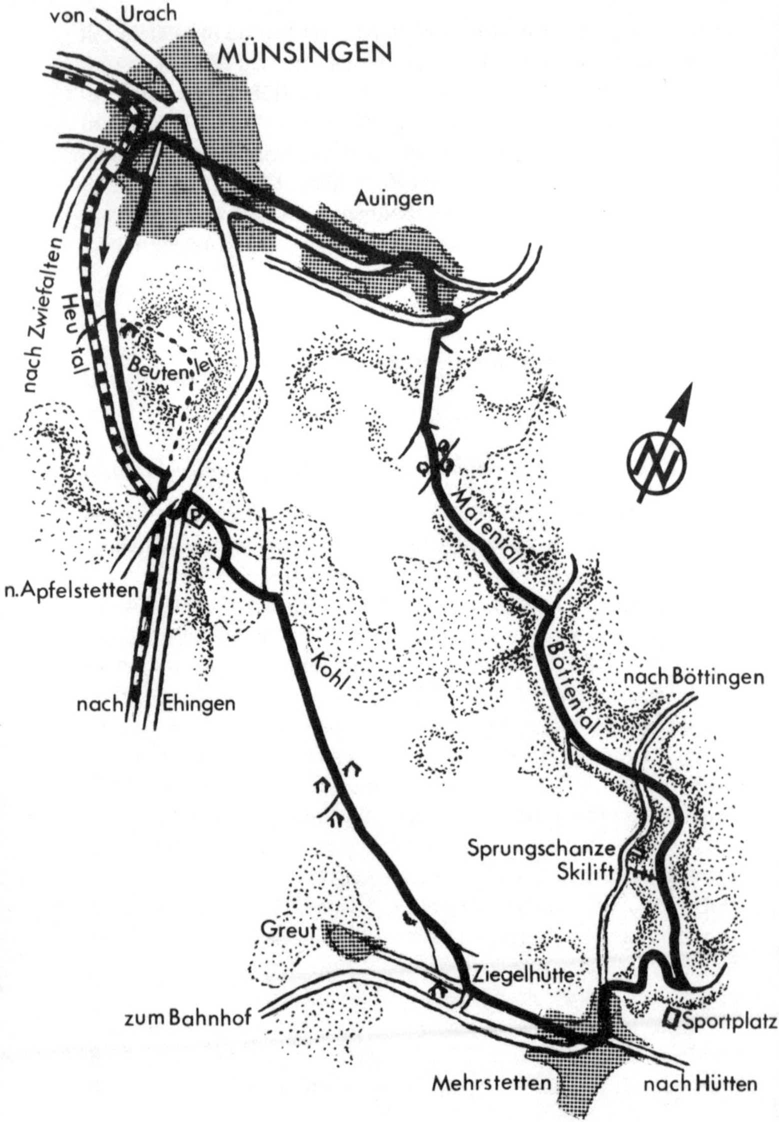
von Urach
MÜNSINGEN
Auingen
nach Zwiefalten
Heu tal
Beutenlei
Maiental
Böttental
n. Apfelstetten
Kohl
nach Ehingen
nach Böttingen
Sprungschanze
Skilift
Greut
Ziegelhütte
zum Bahnhof
Sportplatz
Mehrstetten
nach Hütten

100 Meter auf dem Asphaltweg, der nach rechts zu Tal führt. Nun beginnt der landschaftlich reizvollste Teil der Wanderung nach links durch das *Böttental.* Auf dem von Wacholderhängen gesäumten Talgrund passieren wir einen Skilift und eine alte Sprungschanze, kreuzen das Böttinger Sträßchen und erreichen nach etwa einer Stunde seit Mehrstetten eine gut beschilderte Wegegabelung mit ausgedehntem Rastplatz.

Hier verlassen wir den fortan geteerten Weg durch das Böttental und steigen gemächlich nach links durch das liebliche *Maiental* aufwärts. Entlang des rechtsseitigen Waldrands kommen wir zur aussichtsreichen Hochfläche, wo bei der markanten Baumgruppe unser Weiterweg mit gelbem Dreiblock markiert ist. Der Asphaltweg führt uns geradewegs auf das längst sichtbare *Auingen* zu, doch müssen wir zuvor noch in einer Wegschleife die neue Panzerstraße umgehen. In Auingen gehen wir bis zum Rathaus nach links, wechseln dann aber auf das verkehrsfreie Parallelsträßchen nach rechts, wo wir auf der Münsinger Straße am *Friedhof* vorbei wieder direkt zum Ausgangspunkt gelangen.

Weglänge etwa 18 km. *Gehzeit* etwa 4½ Stunden.
Gesamte Steigung etwa 250 m.
Wanderkarten 1:50000 Blätter L 7522 Urach und L 7722 Munderkingen.
Einkehrmöglichkeit Mehrstetten und Auingen.
Bemerkungen: Im Hochsommer der freien Hochfläche wegen nicht zu empfehlen. Durch Verlegung der Wegmarkierung in der Natur, durch Straßen- und Wohnbauten sind oben zitierte Wanderkarten derzeit nicht brauchbar. Bei Beachtung der Planskizze und des Beschriebs ist die Route jedoch nicht zu verfehlen.

13

Von Dapfen durchs Pfaffental zum Sternberg und Gestüt Marbach

Der Ausgangspunkt dieser beschaulichen Tagestour liegt im *Großen Lautertal,* zwischen Buttenhausen und Gomadingen, wenige Kilometer südwestlich von Münsingen. Beim Gasthaus *Hirsch* verlassen wir die Durchgangsstraße, gehen über die Brücke auf der Dorfstraße leicht bergan bis zum Haus Nummer 73. Hier folgen wir der Beschilderung und dem gelben Dreieck nach rechts durch den Talgrund nach *Wasserstetten* (20 Min.). Über die Brücke kommen wir wieder zur Straße, der wir wenige Schritte nach rechts folgen. Bei der Abzweigung gehen wir kurz auf der Straße Richtung Eglingen, wechseln aber nach wenigen Schritten auf den Betonweg durchs *Pfaffental.* Nach halbstündigem Schlendern zwischen Wald und Wacholderhängen gabelt sich das Tal. Wir folgen nun dem unbetonierten Weg nach halblinks. Nach einer weiteren Viertelstunde (»Gemeinde Dapfen III 3 Erdentäle«) gehen wir weiter auf dem nun waldeinwärts führenden Talweg. Bald kommen wir zu einer Straße, gehen auf ihr wenige Schritte nach links und biegen dann sofort wieder in den oberen Teil des Pfaffentales ein (»Gde Oedenwaldstetten II 1 Unt. Götzenberg«). Beim Markungsschild »II 2 Ob. Götzenberg« öffnet sich das Hochtal. Wir gehen auf dem Querweg kurz nach rechts, vor dem Verkehrsverbotszeichen scharf nach links auf dem Weg entlang der eingezäunten Schonung. Nach wenigen Minuten kommen wir an den beschilderten Weg Richtung Sternberg und folgen dem gelben Dreieck nach rechts. Nach etwa 5 Minuten springt die Waldkante nach rechts zurück. Achtung: hier geradeaus bis zu dem Holzpfosten, kurz links zum markierten zweiten, dann rechts in allgemeiner Richtung auf die längst sichtbare Baumgruppe mit Hütte zu. Nun befinden wir uns auf einem breiten Weg, der uns - ohne daß wir fehlgehen können - gut markiert zum *Waldparkplatz* oberhalb Offenhausen führt. In aussichtsreichem Aufstieg kommen wir zur Hütte und zum Aussichtsturm auf dem *Sternberg* mit Prachtblick über Teck, Neuffen, Roßberg bis zu den Balinger Bergen und zu den Alpen (rund 3 Std. bis hierher).

Vom Turm gehen wir zurück zur Hütte und dem Schild entsprechend rechtwinklig links abwärts durch den Wald und über den Wacholderhang. Das gelbe Dreieck leitet uns zu einer Talsenke, wo wir dem geteerten Sträßchen kurz nach links folgen. Beim Erreichen der Querstraße umgehen wir nach rechts den Auffüllplatz und lassen uns von den gelegentlichen Markierungszeichen direkt hinab zum *Gestüt Marbach* führen (¾ Std.). Bei der Gestütsgaststätte steigen wir zum Waldrand auf, folgen ihm nach rechts, überqueren bald nochmals die Straße und erreichen abkürzend

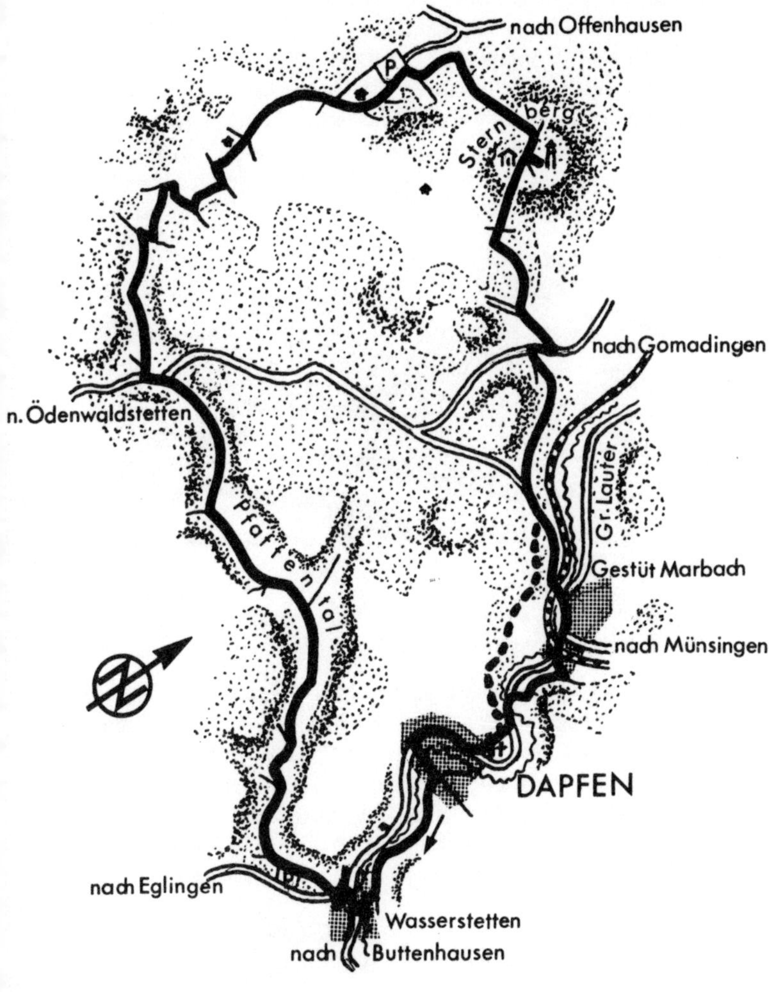

über den *Friedhofshügel* in einer halben Stunde den Ausgangspunkt in Dapfen.

Weglänge etwa 20 km.

Gehzeit etwa 4½ Stunden.

Gesamte Steigung etwa 250 m.

Wanderkarte 1:50000 Blatt L 7722 Munderkingen.

Einkehrmöglichkeit Sternberg und Marbach.

Bemerkungen: Unter Verzicht auf einen Gestütsbesuch läßt sich die Tour auf markiertem Weg abkürzen. In diesem Fall überqueren wir das Waldsträßchen kurz vor Marbach und kommen beim Friedhof unmittelbar vor Dapfen wieder auf die beschriebene Route.

Lautertal mit Derneck

14

Von Bichishausen über den Bürzel zur Burg Derneck und Ruine Hohengundelfingen

Unser Ausgangspunkt liegt südlich Münsingen im *Tal der Großen Lauter.* Wir beginnen diese genußreiche kleine Rundwanderung bei der *Kirche,* wo uns ein Schild nach links ansteigend den »Fußweg Steighof-Bürzel« weist. Bei schönem Talblick kommen wir nach 20 Minuten auf die Hochfläche. Bei den Höfen folgen wir der örtlichen Wegziffer 2 und dem Schild »Bürzel« am Waldrand entlang nach links und erreichen nach 5 Minuten den aussichtsreichen Bergtrauf.

Der gelben Raute und der Ziffer 4 folgend gehen wir zwischen Feldern und Trauf nach rechts, wo wir bei der Waldkante auf einen Feldweg treffen. Immer parallel zum nahen Traufwald folgen wir ihm nach links, passieren nach etwa einer Viertelstunde ein *Feldkreuz* und kommen nach weiteren 10 Minuten zu einem mehrfachen Wegweiser (schöner Blick auf Hohengundelfingen!). Hier folgen wir der Beschilderung zur Burg Derneck scharf nach rechts, halten uns nach 20 Meter wiederum rechts und wandern bei hübscher Szenerie in einer Viertelstunde zur aussichtsreichen *Burg Derneck* (Wanderheim des Schwäb. Albvereins).

Auf dem gleichen Weg gehen wir nun zum Wegweiser zurück und folgen nunmehr dem gelben Dreieck nach rechts auf dem Wiesenweg und durch den Wald bergab zum *Weiler Wittstaig.* Unmittelbar beim Gasthaus gehen wir über die Brücke und jenseits der Straße zwischen den Häusern markierungsgemäß sofort wieder bergauf auf schmalem Pfad mit schönem Talblick in einer Viertelstunde zur umfangreichen *Ruine Hohengundelfingen.* Nach weiteren 5 Minuten haben wir die gut instand gesetzte obere Burganlage er-

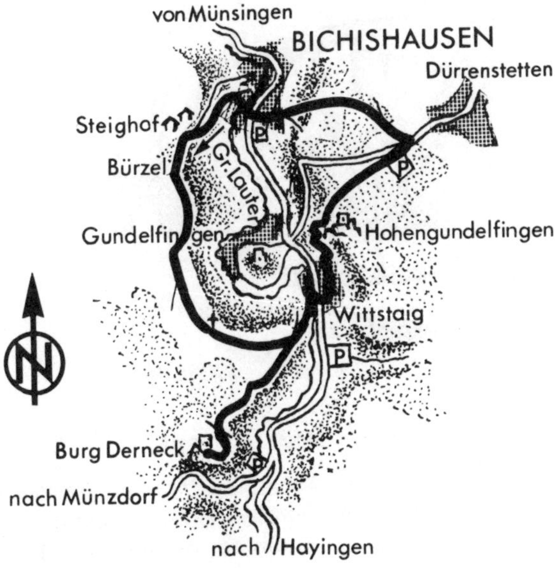

stiegen, von wo sich ein prächtiger Ausblick ins schöne Lautertal bietet (¾ Std. seit Derneck).

Unmittelbar bei der oberen Burgmauer folgen wir nun der Beschilderung »Höhenweg Münsingen« durch den Wald und kommen nach etwa 10 Minuten an ein Sträßchen. Wir folgen ihm etwa 250 Meter nach rechts in Richtung Dürrenstetten und verlassen es beim Waldeck gemäß der Wegziffer 1 nach links auf dem zum nahen Wald führenden Feldweg. Nach etwa 10 Minuten verlassen wir den Wald und sehen unter uns bereits *Bichishausen,* das wir auf anfangs steilem Weg über den Wacholderhang nach einer weiteren Viertelstunde erreichen.

Weglänge etwa 10 km.

Gehzeit etwa 2½ Stunden.

Gesamte Steigung etwa 300 m.

Wanderkarte 1:50000 Blatt L 7722 Munderkingen.

Einkehrmöglichkeit Burg Derneck (samstags und sonntags) sowie Wittstaig.

15

Genußwanderung durchs Große Lautertal

Als Ausgangspunkt dieser wenig anstrengenden Halbtagestour wählen wir das Städtchen *Hayingen,* zwischen Münsingen und Zwiefalten. Wir verlassen den Ort bei der Kirche in Richtung

Obermarchtal und folgen der Markierung mit roter Raute auf dem Wiesenweg neben der Straße. Nach einer Viertelstunde weist die Beschilderung nach links, beim Feldkreuz nach 5 Minuten auf den Feldweg nach rechts. Durch ein liebliches Hochtal schlendern wir zum Wald, wo wir auf dem gut markierten Weg bald die Ruine Wartstein erblicken. Ein kleiner Abstecher führt zu einer besonders fotogenen Aussichtsstelle. Nach ¾ Stunden erreichen wir einen idyllischen Rastplatz auf der Talsohle, unmittelbar zu Füßen der wuchtigen Felswände zwischen Wartstein und Gemsfels.

Nun wandern wir bei abwechslungsreicher Szenerie auf dem bequemen diesseitigen Talweg flußaufwärts, genießen beim *Hohen*

Gießel (Lauterfall) noch einen schönen Rückblick und passieren nach einer halben Stunde den Parkplatz am Fuße der Maisenburg. Wir folgen dem gelben Dreieck, das uns nach 200 Meter nach links ins romantische *Fichteltal* leitet. Bereits nach 5 Minuten beginnt der Felsanstieg zum *Gerberloch* und zum Ringwall der ehemaligen *Burganlage Althayingen.* (Wer den an sich überaus reizvollen Steilanstieg vermeiden will, kann zuvor bei der Abzweigung des Pfades ins Fichteltal auch geradeaus und eben direkt nach Indelhausen wandern.) Wir erreichen den Ort nach Überquerung des Burgberges auf dem gut markierten Ostweg, zuletzt mit schönem Blick auf Ruine Schülzburg und die Felswände bei Anhausen.

Für den Rückweg folgen wir in *Indelhausen* dem markierten Weg an der Trafostation bergauf. Nach kaum 10 Minuten kommen wir zu einem Feldkreuz mit Prachtblick übers Käpfle zur Burg Derneck und Ruine Hohengundelfingen. Unser markierter Weg senkt sich ins liebliche *Hayinger Tal,* dem wir nach rechts durch den Wald bergan folgen. Nach knapp ¾ Stunden sind wir wieder am Ausgangspunkt dieser beglückenden Tour.

Weglänge etwa 12 km. *Gehzeit* 3 Stunden.
Gesamte Steigung etwa 200 m.
Wanderkarte 1:50000 Blatt L 7722 Munderkingen.
Einkehrmöglichkeit Indelhausen.
Bemerkungen: Wer in Indelhausen nicht einzukehren beabsichtigt, wählt auf dem Ringwall besser den aussichtsreichen Westweg, der direkt zum Feldkreuz zwischen Dorf und Hayinger Tal führt. Wer die Tour gerne ausdehnen möchte, erreicht von Indelhausen aus auf gut markiertem Weg übers aussichtsreiche Käpfle in ¾ Stunden das Albvereinswanderheim auf Burg Derneck. Für den Rückweg ist indes kein anderer Weg zu empfehlen.

16

Von Erbstetten durchs Große Lautertal und Wolfstal

Unser Ausgangspunkt liegt zwischen Münsingen und Ehingen, abseits der großen Straßen. Von der Kirche führt unser Weg am »Rößle« vorbei waldaufwärts. Beim letzten Haus geht es geradeaus, immer dem roten Dreieck der Albvereinsmarkierung nach. Bald zeigt ein Schild nach links zum *Heumacherfels,* den wir nach einer knappen halben Stunde erreichen. Das prächtige Panorama reicht über das Kloster Obermarchtal und den Bussen bis zur Kette der Alpen.

Ohne fehlgehen zu können kommen wir nach 5 Minuten zur *Ruine Wartstein.* Wir folgen nunmehr der blauen Markierung zur unteren Burgmauer, von wo aus sich ein einzigartiger Blick ins verträumte Lautertal bietet. Nun gehen wir wenige Meter zurück und kommen auf einen breiten Waldweg, der uns markierungsgemäß nach Kreuzung eines von Erbstetten herabführenden Feldwegs zur Ruine *Monsberg* leitet (¼ Std.). Immer am Hang entlang passieren wir nach einer weiteren Viertelstunde die Überreste der Ruine *St. Ruprecht* und gelangen alsbald auf schmalem Pfad ins Tal. Wir überqueren den kleinen Steg und durchwandern nach 20 Minuten den Ort *Unterwilzingen.* Wir verlassen die Häusergruppe über die Brücke und wenden uns nun nach rechts in das stille *Lautertal*, wo man auch heute noch Fischreiher beobachten kann. Kurz nach der Ruine *Reichenstein* passieren wir die alte *Laufenmühle* und er-

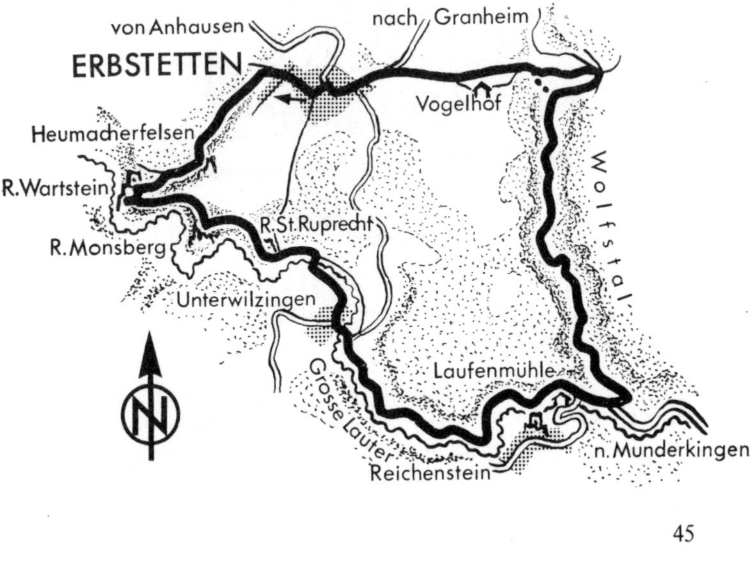

reichen nach weiteren 200 Metern unsere Abzweigung ins romantische *Wolfstal* (¾ Std. seit Unterwilzingen). Dieses unter Naturschutz stehende Trockental ist von besonderem Reiz. Durch ein Spalier von Felsen führt der fast ebene Weg, im Frühjahr von Zehntausenden *Märzenbechern* umsäumt, in knapp ¾ Stunden zu einer großen Wiesenfläche mit mehrfacher Wegekreuzung. Hier wenden wir uns nach links und folgen dem Schild nach Erbstetten den Wacholderhang aufwärts. Am *Vogelhof* vorbei kommen wir auf gutem Weg in knapp einer halben Stunde wieder zum Ausgangspunkt.

Weglänge etwa 15 km.
Gehzeit etwa 3½ Stunden.
Gesamte Steigung etwa 150 m.
Wanderkarte 1 : 50 000 Blatt L 7722 Munderkingen.
Einkehrmöglichkeit Unterwilzingen und Erbstetten.

17

Von Zwiefalten durchs Tobeltal und Geisinger Tal zur Wimsener Höhle

Zwischen dem Münster und der nahen Brauerei zweigt die Straße nach Upflamör ab, an der sich ein großer Parkplatz befindet. Von hier aus kommen wir nach wenigen Minuten zum *Tobeltal,* in welchem teilweise nur Straße und Bach Platz finden.

Schöne Felsgruppen machen den Weg abwechslungsreich, im Frühjahr schmücken die unter Naturschutz stehenden Märzenbecher beiderseits die Hänge. Nach etwa ¾ Stunden verlassen wir Tobel und Straße und folgen nun der roten Raute ins *Geisinger Tal.* In reizvoller Wanderung schlendern wir ¾ Stunden durch die wildreichen Gründe des felsengespickten Trockentals, dann sehen wir vor uns die Häuser von Geisingen. Nach einer Viertelstunde passieren wir den Auffüllplatz des nahen Ortes und folgen nun dem roten Dreiblock durch den Wald. Nach einer weiteren Viertelstunde

– dicht bei der Geisinger Straße – folgen wir dem nach rechts weisenden Schild Richtung Zwiefalten und erreichen nach einer weiteren Viertelstunde die Hauptstraße. Wir folgen ihr etwa 300 m bis zur Kreuzung bei der Feldkapelle und gehen dann nach links auf breitem Weg das Waldstück umgehend nach *Gauingen.* Bereits vor Erreichen des Ortes sieht man linker Hand im Tal die Schlangenlinien des Weiterwegs, der im Dorf vor dem Kriegerdenkmal scharf nach links führt (¼ Std.). Nach 5 Minuten passieren wir ein Feldkreuz. Wir bleiben immer auf dem breiten Fahrweg, bis wir nach einer halben Stunde am Ende einer freien Hochfläche an eine Kreuzung mit drei Holzkreuzen kommen. Hier folgen wir dem geteerten Sträßchen nach rechts in Richtung *Wimsener Höhle,* die wir in einer Viertelstunde erreichen.

Diese nur mit einem Kahn zu besichtigende Höhle ist Quelltopf der *Zwiefalter Ach.* Wir folgen ihr durch eine romantische Felsschlucht und erreichen nach einer halben Stunde *Gossenzugen.* Der forellenreichen Ach entlang sind wir nach weiteren 30 Minuten wieder in Zwiefalten angelangt.

Weglänge etwa 19 km. *Gehzeit* etwa 4 Stunden.
Gesamte Steigung etwa 250 m.
Wanderkarte 1:50000 Blatt L 7722 Munderkingen.
Einkehrmöglichkeiten Geisingen (kleiner Abstecher), Gauingen, Wimsener Höhle, Gossenzugen.
Bemerkungen: Der erste Teil der Wanderung läßt sich auch auf bezeichnetem, autofreiem Waldweg variieren, doch ist der Verkehr auf der Tobelstraße sehr gering und der Weg reizvoll.

18

Von Gammertingen durchs Laucherttal und Fehlatal

Wir verlassen das aufstrebende Albstädtchen entlang der Straße nach Sigmaringen. Bei dem Parkplatz nach etwa einem Kilometer überschreiten wir am Eingang des kleinen Seitentals den Bahnkörper. Wir folgen der Beschilderung »Zum Teufelstor« auf dem unteren sogenannten Talweg. Nach etwa 5 Minuten gehen wir nicht links die Lichtung, sondern halblinks den unscheinbaren Waldpfad aufwärts. Bei der bezeichneten Wegegabelung wählen wir nicht den oberen Weg zur Aussichtskanzel, sondern den unteren, der uns direkt zum imposanten *Teufelstor* führt. Gleich nach seinem Durchschreiten auf der Eisenleiter geht es kurz und steil aufwärts zum aussichtsreichen Gipfelkreuz (¾ Stunde seit Gammertingen). Nun folgen wir dem gelben Dreieck zur nahen Hochfläche, dann der Markierung auf erkennbarem Pfad immer die Waldecken abschnei-

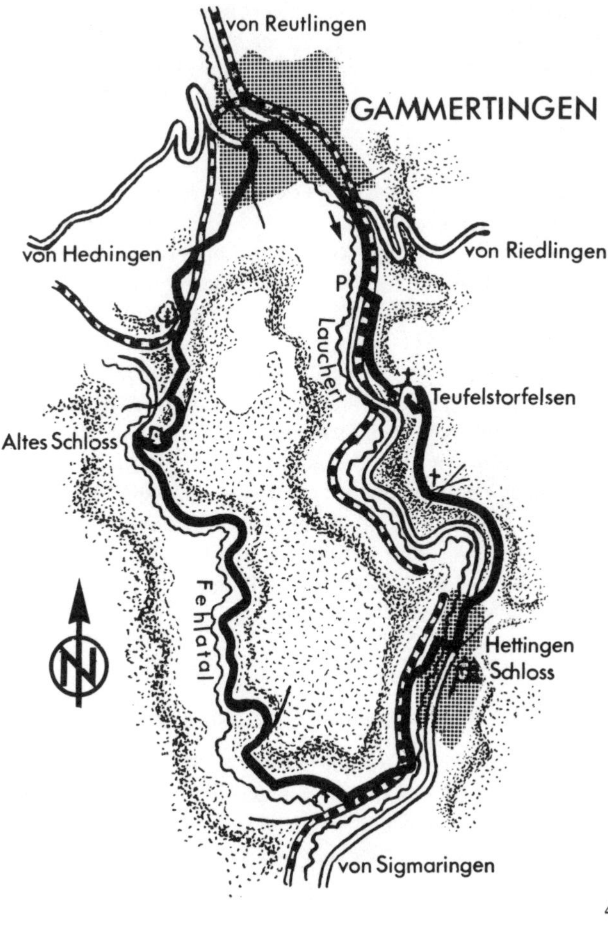

dend nach rechts. Bei einem Feldkreuz erreichen wir einen landwirtschaftlichen Fahrweg, der uns in einer halben Stunde (seit Teufelstor) nach Hettingen hinabführt. Beim Ortsschild verlassen wir die stark befahrene Straße und umgehen die Tankstelle auf dem Anliegersträßchen flußabwärts. Wir überqueren auf der ersten Brücke die Lauchert und gleich darauf das Bahngleis. Auf dem Weg neben dem Bahnkörper gehen wir nun nach links; wo er stark verwachsen ist, können wir auch durch das Sägewerk gehen. Nach etwa ¼ Stunde seit Ortsmitte verlassen wir das Laucherttal und die Bahnlinie und treten bei der Forellenzucht vom gelben Dreieck geführt nach rechts in den Wald. Nun schlendern wir eine Stunde durch das liebliche und einsame *Fehlatal.* Wo rechts eine Felsgruppe den Weg säumt, geht ein guter Waldpfad in 5 Minuten steil aufwärts zu den aussichtsreichen Ruinen des *Alten Schlosses* (1971 bei der Abzweigung Baum mit Beschilderung vom Sturm gefällt! Falls Einstieg deshalb versäumt wurde, kann man unmittelbar nachher Fahrweg bergan Richtung Gammertingen gehen und nach 200 m der Markierung folgend ebenfalls zum reizvollen Rastplatz bei der Ruine gelangen.) Auf neuem Waldweg geht es zunächst eben weiter. Da ohne Karte der vernünftigere Weg nicht zu finden ist, folgen wir dem gelben Dreieck kurz links bergab und gehen dann auf dem breiten Weg nach rechts bergan und über die Bahnbrücke hinweg. Von hier aus ist Gammertingen bereits wieder zu sehen. und in knapp einer Stunde (seit der Ruine) bequem zu erreichen.
Weglänge 14 km. *Gehzeit* etwa 3½ Stunden.
Gesamte Steigung etwa 150 m.
Wanderkarte 1 : 50 000 Blatt L 7720 Ebingen.
Einkehrmöglichkeiten in Hettingen.

19

Von Neufra durchs Teufelstal zu den Ruinen Lichtenstein

Unser Ausgangspunkt liegt unweit von Gammertingen, im hohenzollerischen Landesteil der Schwäbischen Alb. Wir verlassen den aufstrebenden Ort auf der Straße nach Ebingen, auf welcher wir in Ermangelung eines Fußweges bis zur *Ziegelhütte* gehen müssen.

Hier geht es geradeaus auf unmarkiertem Talweg weiter. Nach 100 Meter beim Kruzifix halten wir uns auf dem rechten der drei sich gabelnden Wege und schlendern nun, unmerklich Höhe gewinnend, auf reizendem Wiesen- und Waldweg talauf. Nach insgesamt etwa 1¼ Stunden kommen wir zu einer markanten Wegekreuzung. Von nun an vertrauen wir uns der nach rechts führenden Markierung mit gelbem Dreieck an, die auf gutem Waldweg eine halbe Stunde leicht bergab leitet. Ein kurzer Anstieg bringt uns zur *Ruine Hinterer Lichtenstein* und über den Sattel des Bergrückens zur größeren Ruine des *Vorderen Lichtensteins,* von wo aus sich eine schöne Sicht über das Fehlatal zum nördlichen Albrand bietet.

Unser Rückweg führt zunächst kurz zurück zum Sattel, dann markierungsgemäß rechts abwärts ins *Fehlatal.* Auf schattigem Weg am Waldrand entlang kommen wir nach ¾ Stunden wieder zum Ausgangspunkt in *Neufra.*

Weglänge etwa 14 km.

Gehzeit etwa 3 Stunden.

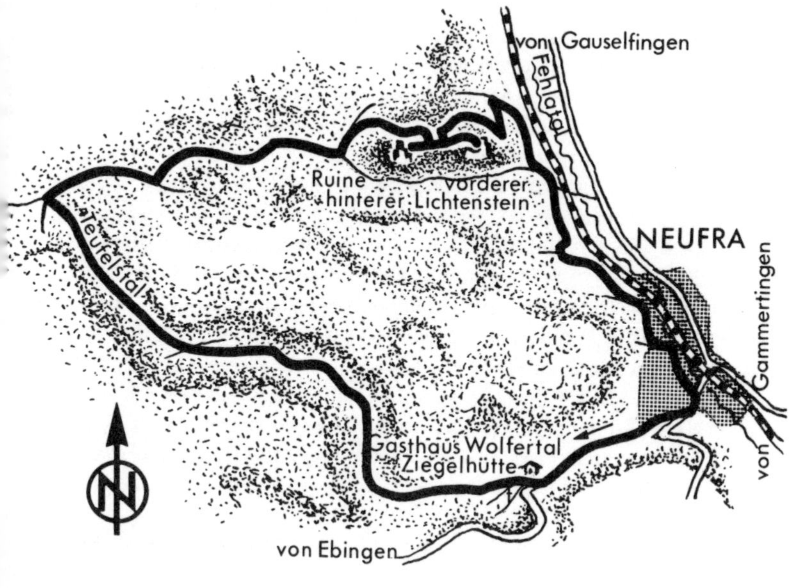

Gesamte Steigung etwa 200 m.
Wanderkarte 1:50000 Blatt L 7720 Ebingen.
Bemerkungen: Eine beglückende Tour für Leute, die beschauliche Waldwanderungen zu schätzen wissen. Alle Wege sind in gutem Zustand, gut zu finden und nur von geringer Steigung. Dank des schattenspendenden Waldes läßt sich die Wanderung auch im Sommer durchführen und kann auch von älteren Personen riskiert werden.

20

Von Mägerkingen über den Neuban zum Augstberg

Im *Laucherttal,* zwischen Reutlingen und Sigmaringen, liegt der Ausgangsort dieser hübschen Rundtour. Zwischen der Kreuzung der Bahn mit der Straße von Reutlingen und der Abzweigung der Straße nach Tübingen in Ortsmitte weisen Schilder den Anstieg durch die Wiesen. Die für die ganze Wanderung geltenden gelben Dreiecke auf weißem Feld führen uns rechts ansteigend auf einem Betonweg zu einem Wanderparkplatz, den wir nach etwa 20 Minuten passieren. Bei einem zweiten Parkplatz bald darauf geht es scharf nach rechts und über einen aussichtsreichen Höhenrücken und einen freien Sattel in weiteren 20 Minuten zum *Neuban* mit vortrefflich angelegtem Rast- und Spielplatz.

Obwohl auch der Weiterweg zum bald sichtbaren *Augstbergturm* laufend markiert ist, empfiehlt sich auf der weiten Hochfläche doch einige Aufmerksamkeit. Bei einer Wegekreuzung müssen wir dem Schild nach Harthausen - Feldhausen folgen, wenig später verlassen wir den abermaligen Betonweg nach halblinks durchs *Schäfertal,* wo wir den Lichtmasten als gute Orientierungshilfe folgen können. An einer Hütte vorbei kommen wir zu einer Straße, gehen auf ihr 100 Meter nach links und dann sofort wieder nach rechts. Nach Durchquerung des Waldes kommen wir zu einer Wiesensenke, der wir nach links folgen, wo uns die Markierung nach rechts aufwärts zum aussichtsreichen Turm auf dem *Augstberg* führt (knapp 2 Std. Wanderzeit).

Markierungsgemäß kommen wir nach 20 Minuten nach *Stein-*

hilben. In Ortsmitte folgen wir der Straße Richtung Trochtelfingen, verlassen diese aber am Ortsende auf dem markierten Feldweg halbrechts und schlendern durch die Felder in halbstündiger Wanderung hinab nach *Trochtelfingen.*

Wir durchqueren das hübsche Städtchen auf der ehemaligen Straße Richtung Sigmaringen. Kurz nach Kirche und Rathaus verlassen wir diese beim alten *Rundturm* (»Hoher Turm«) der Stadtbefestigung und gehen auf dem Weg »Am Degelberg« geradeaus, später nach rechts zur Fabrik *»MESTRI«.* Hier leitet uns das gelbe Dreieck bergan auf dem Panoramaweg zum Wald. Wir folgen der Hochwaldkante (nicht den Wiesenweg nach links bergab!) und erreichen über einen Wiesenpfad eine *Waldkapelle* (Hennensteinkapelle mit spätromanischen Wandmalereien). Innerhalb der Mauer

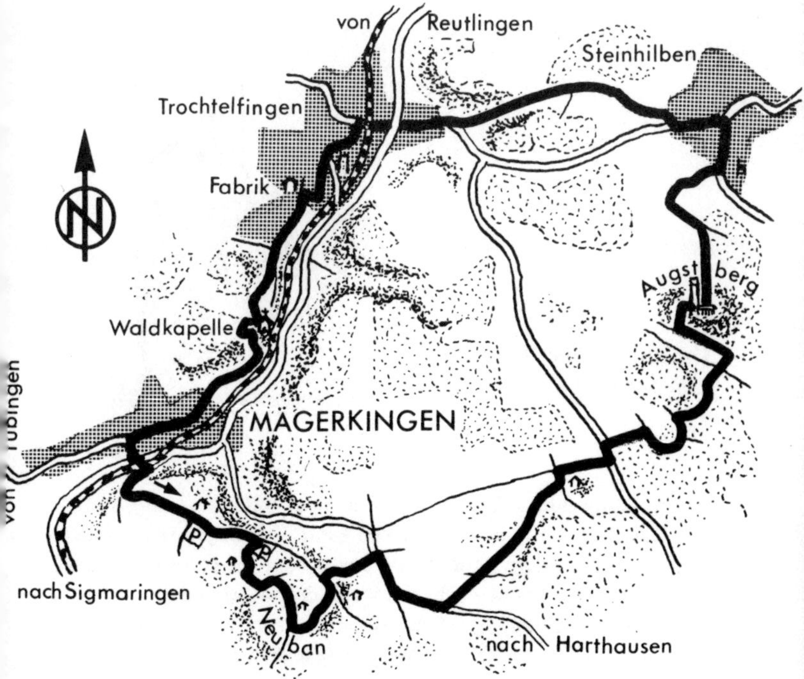

geht es wenige Schritte nach rechts und dann im Zickzack nach links waldabwärts. Im Tal oberhalb der Bahnlinie schlendern wir zum Ausgangspunkt in *Mägerkingen* zurück (1 Std. seit Trochtelfingen).

Weglänge etwa 17 km.

Gehzeit etwa 4 Stunden.

Gesamte Steigung etwa 250 m.

Wanderkarte 1:50000 Blatt L 7720 Ebingen.

Einkehrmöglichkeit Augstbergturm (sonntags), Steinhilben und Trochtelfingen.

Bemerkungen: Wer auf dem Neuban (mitwandernder Kinder wegen) Hauptrast machen möchte, kann die Tour auch in Trochtelfingen beginnen, doch ist der anschließende Weg über die freie Hochfläche an heißen Tagen recht unangenehm.

21

Von Honau über Traifelberg zum Schloß Lichtenstein

Als Ausgangspunkt für diese schöne Tour wählen wir am besten den Bahnhof, wo man auch parken kann. Wir folgen dem blauen Dreieck entlang dem Bahnkörper, den wir auf der Höhe der Fabrik überqueren. Nun geht's scharf links in den Wald und in ständiger Steigung in ¾ Stunden auf die Höhe des Albtraufs. Von nun an dient uns das rote Dreieck als Wegzeichen, dem wir uns nach rechts zum *Rötelstein* anvertrauen. Die nächsten ¾ Stunden sind ein genüßliches Schlendern von Felskanzel zu Felskanzel mit prächtigen Tiefblicken ins Echaztal und hinüber zum benachbarten Schloß Lichtenstein. Vom *Locherstein*, der letzten Aussichtsplattform, geht's hinab nach *Traifelberg* und zur Bahnstation Lichtenstein (25 Min.). Zwischen den Gebäuden des nahen Hofgutes geht's weiter, halbrechts am Hang entlang zum Parkplatz an der neuen Straße. Hier überqueren wir rechter Hand die Talmulde und folgen dem breiten Weg waldaufwärts. Bei der Gabelung halten wir uns nach links und steigen abkürzend auf zum Schloß (¾ Std. seit Bahnhof). Für den Weiterweg wählen wir die Markierung Richtung Nebelhöhle - Gießstein. Bei Gabelungen beachten wir, immer am Albtrauf entlang zu wandern. Nach weiteren ¾ Stunden durch Hochwiesen und Wälder sind wir auf dem aussichtsreichen *Gießstein* angelangt. Der Abstieg geht zunächst weiterhin in Richtung Nebelhöhle, beim Waldaustritt aber scharf nach rechts gemäß der Beschilderung nach Ober- und Unterhausen. Nach zweimaligem Queren des Waldsträßchens sind wir nach 20 Minuten in *Oberhausen,* folgen der Straße Richtung Honau und gehen bei der Tankstelle auf der linken Seite den abkürzenden Fußweg zum Bahnhof Honau zurück (10 Min.).

Eine außerordentlich lohnende Variante zum beschriebenen Rückweg bietet der Weg über die Nebelhöhle zum Wackerstein. Wir verlassen hierzu die obige Route beim Forsthaus Lichtenstein und folgen der eindeutigen Markierung zur *Nebelhöhle* (¾ Std.). Nach leichtem Abstieg sehen wir von der freien Hochfläche des *Won* aus bereits den eindrucksvollen *Wackerstein* vor uns, den wir nach kurzem Gratweg (links halten!) nach einer halben Stunde erreichen. Für den Abstieg wählen wir wenige Minuten das blaue Dreieck der Albvereinsmarkierung, biegen aber beim *Hinteren Sättele* nach rechts. Von der blauen Raute geführt, kommen wir rasch nach *Oberhausen,* von wo es unweit zum Ausgangspunkt beim *Bahnhof Honau* ist (knapp 1 Std. seit Wackerstein).

Weglänge etwa 14 km (mit Wackerstein etwa 20 km).
Gehzeit etwa 4 Stunden (mit Wackerstein etwa 5 Stunden).
Gesamte Steigung etwa 450 m (mit Wackerstein etwa 500 m).

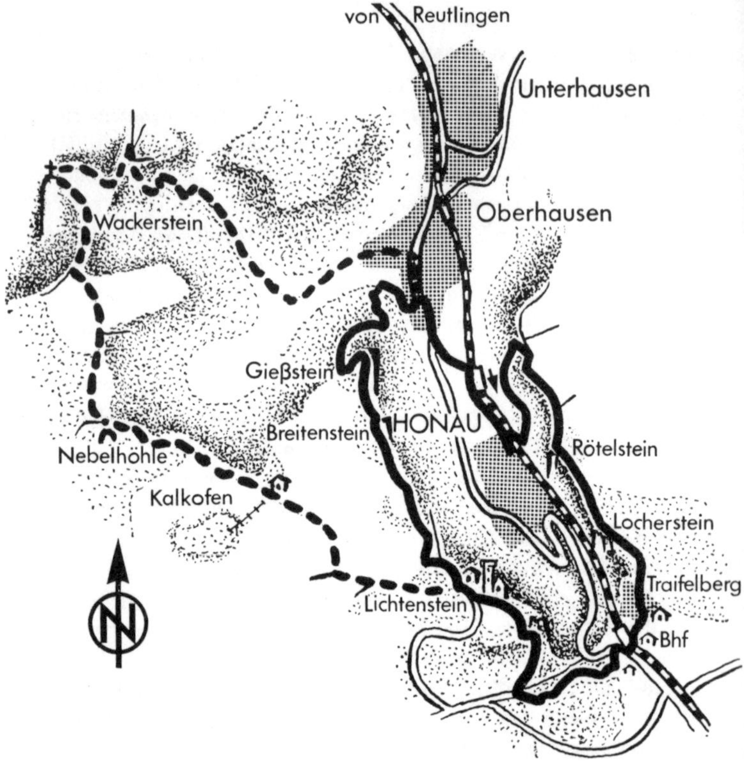

Wanderkarte 1 : 50 000 Blatt L 7520 Reutlingen.
Einkehrmöglichkeiten Traifelberghotel, Gasthof Bahnhof Lichtenstein, Forsthaus beim Schloß Lichtenstein (evtl. Raststätte beim Skilift am Kalkofen, sowie Nebelhöhle).

22

Von Oberhausen über den Schönberg und Wackerstein zur Nebelhöhle

Ausgangspunkt dieser außerordentlich lohnenden Rundtour ist *Oberhausen* vor Honau, zehn Kilometer südlich von Reutlingen. Wir verlassen die Hauptstraße und den Ort durch die Nebelhöhlenstraße. Kurz nach dem *Friedhof* folgen wir der Beschilderung mit blauem Dreiblock durch die Baderstraße nach rechts. Beim Haus Nummer 31 geht es scharf nach links mit schönem Blick ins Echaztal und zum Schloß Lichtenstein. Etwa 200 Meter nach Beginn des Graswegs führt uns ein schmaler Pfad halbrechts aufwärts zum Wald. Auf dem später von rechts hereinführenden Waldlehrpfad überqueren wir eine Wegekreuzung und kommen nun bald zu einem Waldrastplatz mit gut beschilderter Wegespinne (¾ Std.). Wir folgen dem geteerten Sträßchen etwa 200 Meter bergan und steigen dann auf dem markierten Pfad halblinks waldaufwärts. Beim Erreichen des Sattels weist unsere Beschilderung nach rechts. Reizvoller ist indes der unmarkierte Weg über den felsigen Grat, der uns bei schönen Ausblicken ebenfalls zur Hochwiese des *Schönbergs* führt, wo wir nach rechts über die Wiese den im Volksmund »Unterhose« genannten *Aussichtsturm* erreichen (1¼ Std. seit Oberhausen).

Direkt hinter dem Turm gehen wir nun auf dem mit blauer Raute markierten Waldweg kurz bergab zur Wiesenfläche der *Wanne,* folgen hier aber sofort der eben nach links weisenden Markierung mit blauem Dreieck auf aussichtsreichem Weg am Waldrand. Nach etwa 30 Minuten kommen wir zur Wegkreuzung beim *Hinteren Sättele,* wo auch der etwas kürzere direkte Weg vom Schönbergturm hereinkommt. In kurzem Anstieg führt uns der markierte Weg hinauf zum imposanten Aussichtsfelsen des *Wackersteins.*

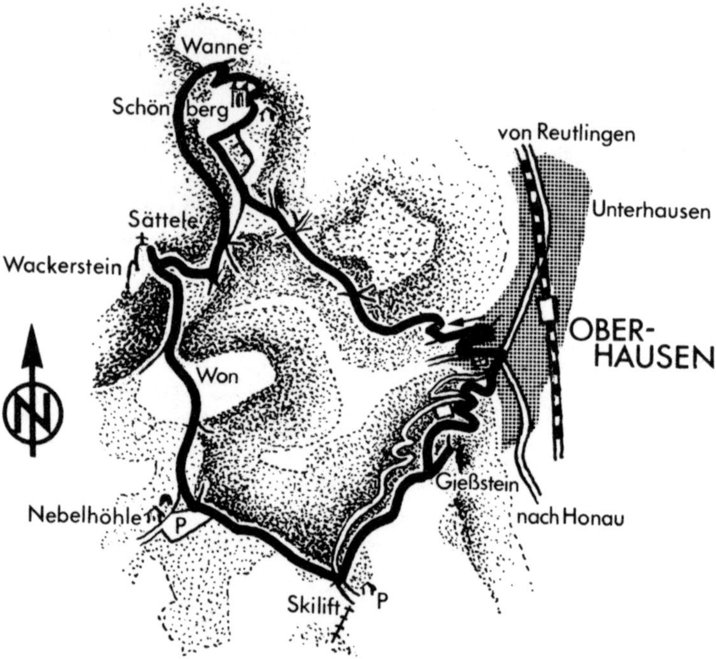

Vom blauen Dreieck geleitet geht es nun zunächst leicht bergab, dann über einen interessanten Grat hinweg zur Hochwiese des *Won,* von wo der gut markierte Weg leicht waldaufwärts zur *Nebelhöhle* führt (½ Std.).

Von nun an folgen wir dem roten Dreieck am linksseitigen Trauf entlang, überschreiten beim Skilift *»Kalköfen«* die Straße und erreichen nach angenehmer Randwanderung nach etwa 40 Minuten den aussichtsreichen *Gießstein.*

Von hier gehen wir wieder wenige Minuten bis zum Waldrand zurück und steigen nach rechts dem blauen Dreieck folgend in einer knappen halben Stunde zum Ausgangspunkt in *Oberhausen* ab.

Weglänge etwa 15 km.

Gehzeit etwa 3½ Stunden.

Gesamte Steigung etwa 450 m.

Wanderkarte 1:50000 Blatt L 7520 Reutlingen.
Einkehrmöglichkeit Schönbergturm (in der Wanderzeit samstags und sonntags bewirtschaftet) sowie im Rasthaus bei der Nebelhöhle.
Bemerkung: Die Nebelhöhle rechtfertigt durch ihre Tropfsteingebilde einen Besuch. Sie gehört mit der Bärenhöhle und der Charlottenhöhle zu den bekanntesten Albhöhlen.

23

Von Unterhausen über den Mädlesfels nach Holzelfingen

Am besten beginnt man die abwechslungsreiche Wanderung bei der Spinnerei, kurz vor Unterhausen, an der Straße von Reutlingen nach Honau gelegen. Wir folgen dem blauen Dreieck und den Markierungsschildern des Albvereins bis zu den letzten Bungalows oberhalb dem linker Hand sichtbaren Kinderheim. Während der breite Weg hier nach links wechselt, folgen wir dem Grasweg bei der Verbotstafel bergan durch das Hochtal. Kurz nach Verlassen des Waldstücks treffen wir wieder auf den nun von links kommenden markierten Weg, der sich in aussichtsreicher Hanglage um den Imenberg zieht. Beim Erreichen der Straße geht's halbrechts auf nochmals ansteigendem Waldweg vollends auf den *Übersberg* (1¼ Std.).

Als Abstecher gehen wir die wenigen 100 Meter nach links zum aussichtsreichen *Mädlesfels,* dessen Namen eigentlich von *Mahd* kommt. Wir kehren zum Hofgut Übersberg zurück und folgen dem kurzen Straßenstück zum *Segelflugplatz.* Der Weiterweg führt um die Halle herum durch eine Wiesenmulde zum nahen Hochwald. Nun folgen wir der Markierung mit rotem Dreieck in Richtung *Stahleck,* dessen Hofgut wir nach knapp ¾ Stunden erreichen. Auf romantischem Pfad geht's zur ehemaligen Ruine Stahleck, an die freilich nur noch ein Hinweisschild erinnert. Ein Jägerpfad führt nun durch den Wald zum *Eckfelsen* mit schönem Ausblick auf die begangene Route und weiter zur nahen *Ruine Greifenstein.* Nach weiteren Aussichtsfelsen erreicht man ohne fehlgehen zu können *Holzelfingen* (1¼ Std. seit Stahleck). Gleich bei der »Krone« am Ortseingang weist das Schild Richtung Spinnerei Unterhausen, leider immer noch durch den Gemeindeauffüllplatz und eine meterhohe Brennesselkultur. Nach wenigen 100 Metern erreichen wir bei der Tannengruppe am linksseitigen Hang einen guten Weg, der uns in knapp ¾ Stunden zum Ausgangspunkt leitet. Wer den mißlichen Abstieg vermeiden möchte, kann auch den mit blauem Dreieck markierten Weg über den *Burgstein* gehen, der etwa 1 Kilometer weiter ist. Zur Vermeidung der Straße kann man beim Erreichen des Ortes an der neuen Schule vorbei zur Spinnerei gehen.

Weglänge etwa 20 km. *Gehzeit* etwa 4½ Stunden.

Gesamte Steigung etwa 400 m.

Wanderkarte 1 : 50 000 Blatt L 7520 Reutlingen.

Einkehrmöglichkeiten Übersberg, Stahleck, Holzelfingen.

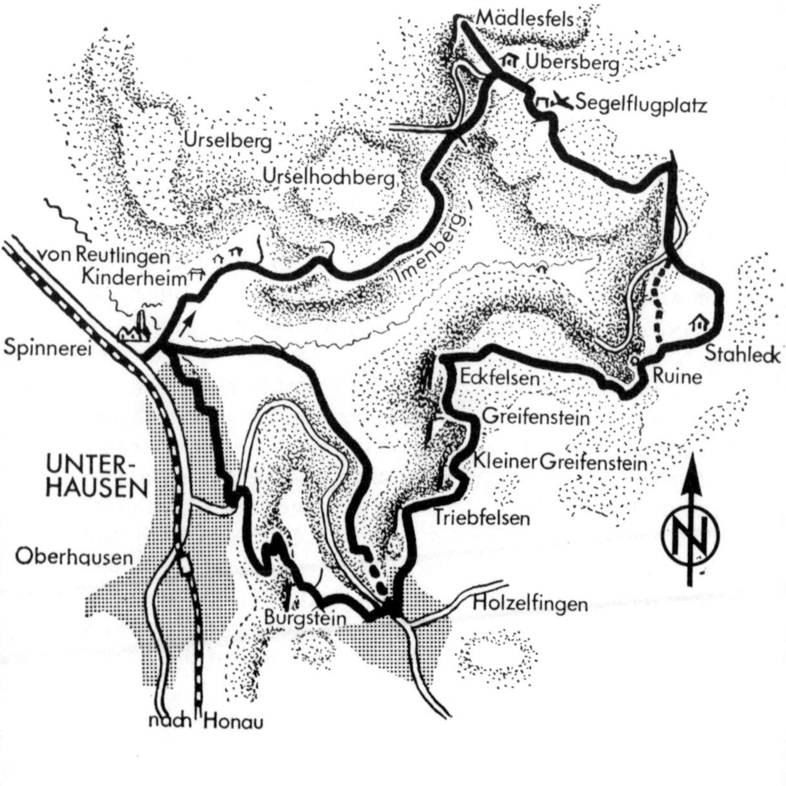

24

Von St. Johann rund um die Hohe Warte und den Galgenberg

Ausgangspunkt für diese aussichtsreiche und fast ebene Genußwanderung ist der Gestütsgasthof St. Johann auf der Hinteren Alb zwischen Reutlingen und Urach. Für die Anfahrt kann man die Straße von Reutlingen über Eningen oder von Urach über Bleichstetten und Würtingen wählen. Vom Gasthof gehen wir zunächst nordöstlich in Richtung zum Aussichtsturm auf der *Hohen Warte.* Beim nahen Haus am Waldrand lassen wir den Waldparkplatz rechts liegen und folgen halblinks der Markierung mit rotem Dreiblock Richtung Grüner Fels, Olgafels. Nach halbstündiger Waldwanderung erreichen wir die Aussichtskanzel auf dem *Grünen Fels.* (Achtung: Kurz vorher nicht geradeaus talwärts, sondern halbrechts leicht ansteigend dem Zeichen folgen!) In reizvoller Höhenwanderung zwischen dem Traufwald und der Hochweide kommen wir nach einer Viertelstunde beim Segelflugplatz zum *Roßfels*, der eine prächtige Sicht bietet zur Achalm, zum unteren Speicherbecken der TWS Stuttgart bei Glems und über das Albvorland zwischen Metzingen und Reutlingen. Bald kommen wir zum *Olgafels* und auf gut erkennbarem Grasweg, den nach links ausholenden Traufweg abkürzend, zum *Sonnenfels,* der erstmals den Blick ins Ermstal und nach Urach freigibt (½ Std.). Nach wenigen Minuten sind wir bei den hochromantischen *Höllenlöchern,* die wir auf dem Pfad zur Linken erst von oben einsehen. Nun gehen wir die wenigen Schritte zurück und passieren das Felslabyrinth. Über zwei Eisenleitern kommen wir zu einer markanten Wegegabelung. Wir folgen weiterhin dem roten Dreiblock zunächst leicht ansteigend, passieren den Abstecher zur *Gönningershöhle* und zum *Gelben Fels* und erreichen nunmehr auf breitem Waldweg einen prächtigen Aussichtspunkt. Über dem Gütersteiner Tal erkennen wir bereits den *Rutschenfelsen,* zu welchem unser Traufpfad führt. Wo das Sträßchen nach links Richtung Güterstein abzweigt, leitet uns nunmehr das rote Dreieck der Albvereinsmarkierung zum

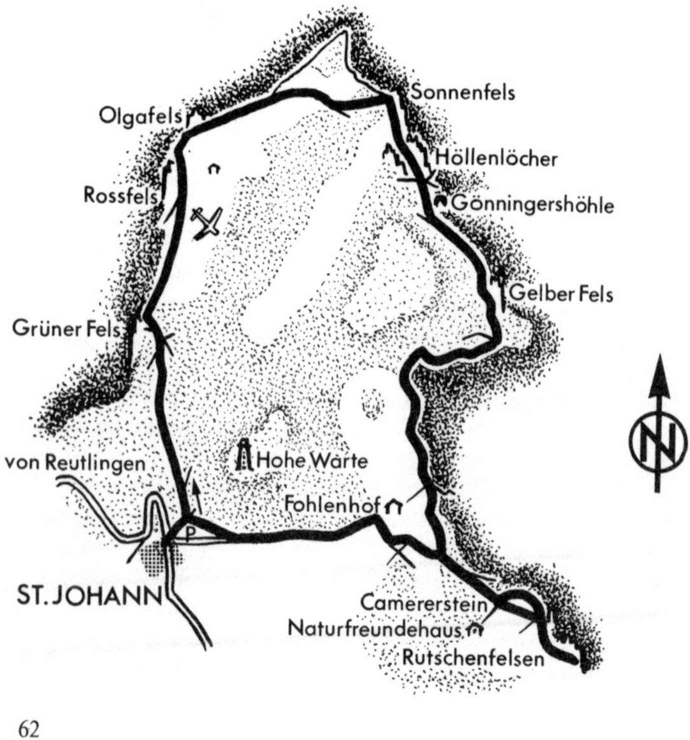

Camererstein und *Rutschenfelsen* (1½ Std. seit Sonnenfels). Die Aussicht reicht von Teck und Neuffen bis zum Römerstein. Nun gehen wir zurück bis zum Sträßchen Richtung Güterstein und folgen ihm nach links zum *Fohlenhof.* Auf schattigem Waldpfad, mit rotem Dreieck markiert, kommen wir nach ¾ Stunden (seit Camererstein) zum Ausgangspunkt zurück.

Weglänge etwa 16 km.

Gehzeit etwa 4 Stunden.

Gesamte Steigung etwa 100 m.

Wanderkarten 1:50000 Blätter L 7520 Reutlingen und L 7522 Urach.

Einkehrmöglichkeiten St. Johann sowie Naturfreundehaus.

Bemerkungen: Durch den geringen Höhenunterschied ist die Tour äußerst lohnend. Wem der Weg zu weit ist, der kann ihn auf gut markierten Pfaden an mehreren Stellen abkürzen.

25

Von Eningen über den Gutenberg nach St. Johann

Wir verlassen Eningen auf der in Richtung Metzingen führenden Dorfstraße, zweigen gemäß dem blauen Dreiblock rechts ab, gehen am Friedhof vorbei und die Alte Steige aufwärts. Beim Überqueren der Straße wählen wir den schmalen, markierten Pfad, und nicht den direkt zum Hännersteigle führenden breiten Weg. Beim zweiten Überschreiten der Straße nach St. Johann geht's auf zunächst breitem Weg in den Wald, bald gut markiert nach halbrechts und schließlich in schattigem Anstieg auf gutem Zickzackpfad hinauf zur Aussichtsbank auf dem *Gutenberg* (50 Min.). Nun folgen wir dem ebenen Grasweg auf dem Höhenrücken, je nach Belaubung des Waldes, bald rechts die Berge der Reutlinger Alb überschauend, bald links das Tal von Glems mit dem unteren Speicherbecken der TWS Stuttgart. Der kurze Anstieg übers *Hännersteigle* führt uns zum oberen Speicherbecken (½ Std.). Wir umwandern den Speichersee entsprechend der Markierung mit blauem Dreiblock nach links. Bald zweigt ein breiter Weg nach links mit einem unübersehbaren Schild »nach St. Johann«, das wir bequem in ½ Stunde erreichen.

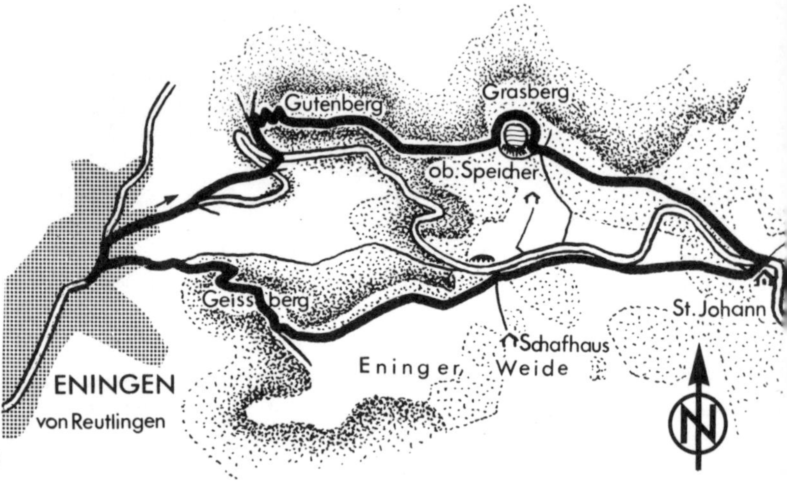

Neben den Ställen und Pferdekoppeln lohnt auch ein Besuch auf dem Aussichtsturm der nahen *Hohen Warte.*

Der Rückweg führt zunächst wieder durch den Hof des Gestüts. Nach Verlassen des Gatters folgen wir dem breiten Weg halblinks abwärts gemäß dem Schild »Geißberg-Eningen« durch den Wald. Nach wenigen Minuten erreichen wir eine schöne Allee und an deren Ende die Straße. Gemäß der Markierung mit dem roten Dreieck geht's nun auf der Wiese neben der Straße eben bis zum Waldrand (½ Std. seit St. Johann). Während die Straße beim Steinbruch bergab führt, wandern wir am Waldrand entlang und werden nach etwa 10 Minuten von der Markierung (hier mit blauem Dreieck) nach rechts durch den Wald geleitet. Über den Geißberg führt uns der Weg direkt hinab zum Ausgangspunkt (knapp 1 Std. seit Steinbruch).

Weglänge etwa 14 km.

Gehzeit etwa 3½ Stunden.

Gesamte Steigung etwa 350 m.

Wanderkarte 1 : 50 000 Blatt L 7520 Reutlingen.

Einkehrmöglichkeit Gestütsgasthof St. Johann.

26

Von Eningen zum Mädlesfels und Urselberg

Eningen unter der Achalm ist von Metzingen oder Reutlingen aus zu erreichen. Da sonntags die Parkflächen im Ort sehr knapp sind, empfiehlt es sich im Bereich der Fabriken am Mühleweg (Ortseingang von Pfullingen her) zu parken, wo auch die Tour endet. In diesem Fall erreichen wir die Ortsmitte auf dem Gehweg der Hauptstraße, die wir beim Gasthaus *Lamm* verlassen und der Markierung mit blauem Dreieck durch die Geißbergstraße folgen. Bei der Gabelung bleiben wir auf dem Talweg, der uns auf Höhe des herrlich gelegenen Freibads markierungsgemäß durch die *Schlucht* bergauf führt. Nach etwa ¾ Stunden seit Ortsmitte erreichen wir beim *Schotterwerk* Straße und Trauf. Nach etwa 100 Meter folgen wir nunmehr dem roten Dreieck nach rechts. Beim Schafhaus nach wenigen Minuten verläuft unser Weg halbrechts am Waldrand entlang. In angenehmer Traufwanderung und bei abwechslungsreicher Szenerie kommen wir nach etwa einer Stunde zum *Übersberger Hof*. Wir gehen geradeaus am Gasthaus vorbei zum nahen Wald, wo wir

nach etwa 5 Minuten die aussichtsreiche Kante des *Mädlesfelsens* erreichen.

Nun gehen wir zum Übersberg zurück, gehen 100 Meter auf der Straße nach rechts und folgen dort dem blauen Dreieck links abwärts. Nach wenigen Minuten treffen wir bei einer Wegekreuzung wieder auf die Straße. Hier geht es rechts bergab Richtung Ernsthütte. Teils rechts, teils links des Sträßchens passieren wir auf

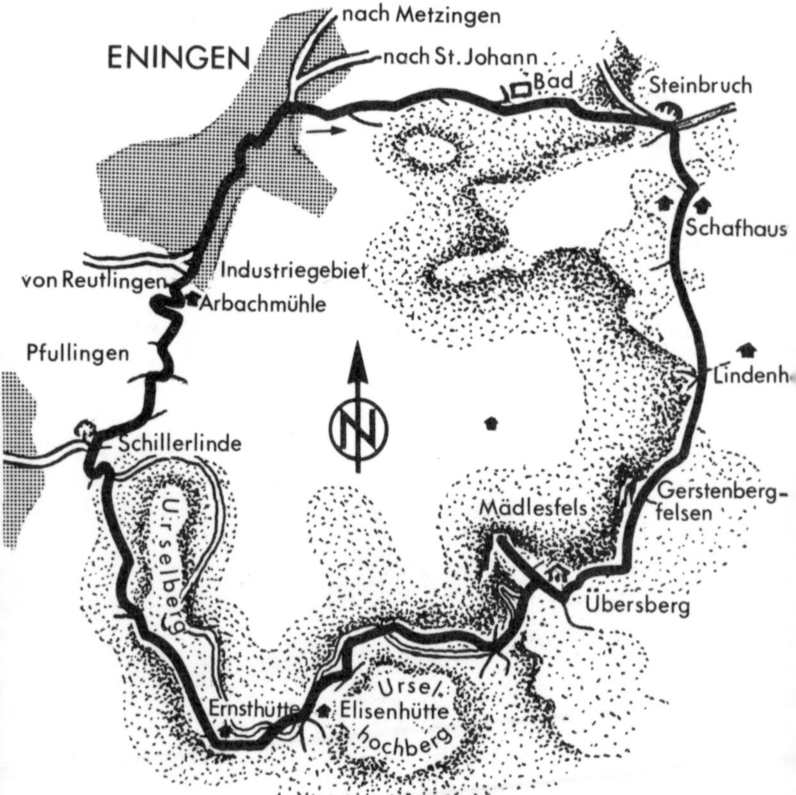

markiertem Weg nach etwa einer halben Stunde die *Elisenhütte.* In Verlängerung des kleinen Parkplatzes verlassen wir die Straße auf dem Parallelweg halbrechts, überqueren sie kurz darauf nochmals und genießen bald den Prachtblick vom *Urselberg* übers Echaztal zum Lichtenstein und der »Unterhose« auf dem Schönberg.

Bei der nahen *Ernsthütte* verlassen wir die Aussichtskante des Berges, schlendern über den Höhenrücken und dann markierungsgemäß bergab. Bald führt uns ein schmaler Pfad nach rechts, wo wir nochmals einen Rastplatz mit hübscher Aussicht passieren. Bei Waldaustritt kommen wir zu einem Wanderparkplatz, gehen eine Kehre auf der Straße bergab bis zur *Schillerlinde,* wo wir den markierten Weg verlassen. Von den beiden nach rechts abzweigenden Feldwegen wählen wir den unteren. Bei der eingezäunten Weide gehen wir den Wiesenweg links abwärts. Beim Erreichen des geteerten Feldwegs folgen wir diesem kurz nach rechts und gehen dann weglos entlang den Telefonmasten talwärts. 100 Meter oberhalb der Mühle führt uns ein Feldweg in einer nach links ausholenden Kehre zur *Arbachmühle,* unmittelbar bei den Parkplätzen im Eninger Industriegebiet.

Weglänge etwa 19 km.
Gehzeit etwa 4½ Stunden.
Gesamte Steigung etwa 450 m.
Wanderkarte 1:50000 Blatt L 7520 Reutlingen.
Einkehrmöglichkeit Übersberg (montags geschlossen).
Bemerkung: Die lohnende Route ist bis auf das letzte Wegstück mühelos zu finden.

27

Mehrtageswanderung auf der Reutlinger Alb

Es ist ein großer Vorzug dieser außerordentlich lohnenden Rundtour, daß man nach Erreichen der Hochfläche keinen wesentlichen Höhenverlust mehr hat und eine kurzweilige und angenehme Wanderung erlebt. Die Tageseinteilung wird sich sehr nach der Quartiermöglichkeit richten. Zumindest die erste Unterkunft sollte man vorher bestellen.

Wer mit dem Wagen kommt, wird diesen am besten in der Nähe des *Bahnhofs Reutlingen-Süd* abstellen. Wenig südlich davon führt ein Weg das Arbachtal aufwärts nach *Eningen,* dem eigentlichen Ausgangspunkt der Tour. Wir folgen der Markierung auf den *Gutenberg* (siehe Tour 25) über das Hännersteigle zum *Speichersee* und nahe an St. Johann vorbei immer am Trauf entlang zu den Aussichtspunkten des *Grünen Fels, Roßfels, Olgafels* und *Sonnenfels.* Dann gehts durch die imposanten *Höllenlöcher* und weiter auf dem gut markierten Randweg zum *Gelben Fels* und zum Camererstein auf dem *Rutschenfelsen.*

Hier verlassen wir den Albtrauf mit seiner ständig wechselnden prächtigen Aussicht und schlendern Richtung Bleichstetten und Würtingen (Markierung mit Dreiblock). Von hier folgen wir dem markierten Weg zum aussichtsreichen Bergsporn des *Mädlesfels* und erreichen über *Übersberg, Stahleck, Eckfelsen* und *Greifenstein Holzelfingen.* Nun beginnt wieder ein Glanzstück der Tour über den *Rötelstein* und *Locherstein* zum *Traifelberg* (siehe Tour 21).

Immer der Markierung folgend, wandern wir nun zum *Schloß Lichtenstein,* über die Hochfläche zur *Nebelhöhle* und über den *Won* zum eindrucksvollen Aussichtspunkt *Wackerstein.* Nach kurzem Abstieg zum *Sättele* geht es wieder leicht bergauf zum *Schönberg* mit dem Aussichtsturm »Unterhose« und dann hinab zur *Wanne* und nach Pfullingen, von dessen Ortsende es noch wenige Minuten zum Ausgangspunkt beim *Bahnhof Reutlingen-Süd* sind.

Weglänge etwa 60 km.

Gehzeit 2 bis 3 Tage.

Wanderkarten 1:50000 Blätter L 7522 Urach und L 7520 Reutlingen.

Einkehrmöglichkeit Eningen, St. Johann, Rohrauer Hütte beim Rutschenfelsen, Bleichstetten, Würtingen, Übersberg, Stahleck, Holzelfingen, Traifelberg, Lichtenstein, Nebelhöhle, evtl. Schönbergturm und Pfullingen.

Übernachtungsmöglichkeit (ohne Gewähr) Eningen, St. Johann, Naturfreundehaus Rohrauer Hütte, Würtingen, Holzelfingen, Albhotel Traifelberg, Reutlinger Hütte auf dem Traifelberg, Bahnhof Lichtenstein und Pfullingen.

28

Von Gönningen über den Stöffelberg und Gielsberg nach Genkingen

Ausgangspunkt für diese hübsche Wald- und Aussichtswanderung ist *Gönningen,* 9 Kilometer südwestlich von Reutlingen. Wir verlassen den Ort auf der Hindenburgstraße in Richtung Genkingen. Beim Rostelweg beginnt unsere Markierung mit blauem Dreiblock und die Beschilderung zum Stöffelberg. An einem Spielplatz vorbei gehen wir auf dem Wiesenweg direkt zum Wald und auf bald wieder markiertem Pfad geradeaus waldaufwärts. Nach stark halbstündigem Anstieg erreichen wir die Reste der *Ruine Stöffelberg* mit hübschem Ausblick nach Westen.

Auf ebenem Waldweg leitet uns die Markierung erst rechts, dann links am Trauf entlang zu einer Hütte mit schönem Blick auf Reutlingen, und am Stöffelfels vorbei geradewegs zum reizenden *Barmkapf* mit Aussicht zum Roßberg.

Von hier müssen wir wieder wenige Minuten zur Abzweigung zurückgehen, wo uns die Beschilderung nach rechts zum Pfullinger Berg weist. Achtung: nach etwa 20 Minuten beginnt der Grasweg leicht bergab zu führen. Genau hier sieht man links durch eine Lichtung den Wegweiser auf der Hochwiese des *Pfullinger Berges.* (Die Markierung an dieser Stelle war 1972 stark verwittert.)

Der Wegweiser führt uns dann in angenehmem Schlendern zu einem Waldparkplatz und von dort verhältnismäßig steil aufwärts zum aussichtsreichen *Gielsberg* und zur Straße beim *Ruoffseck* (2½ Std. seit Gönningen).

Hier folgen wir 5 Minuten der Markierung mit blauem Dreieck nach rechts. Wo die Beschilderung nach links zur Nebelhöhle weist, geht unser Weg nach rechts von der Straße weg zum nahen Wald. Hier teilen sich die bezeichneten Wege und wir folgen wiederum dem blauen Dreiblock über den *Auchtert* und durch das Neubaugebiet zum Ortskern von Genkingen (¾ Std.).

Beim Rathaus weisen uns Schilder den Weiterweg Richtung Roßberg. Nach dem Verlassen des Dorfes gabeln sich beim Parkplatz die Wege zum Bolberg und Roßberg. Wir folgen dem roten Dreieck

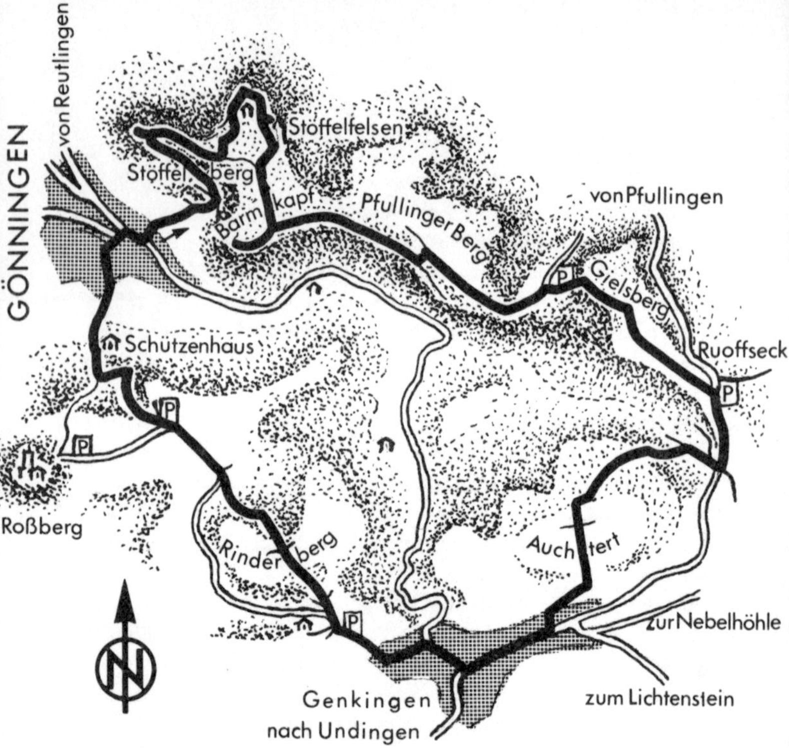

geradeaus auf den *Rinderberg.* Wo der Weg auf der freien Hochfläche sich scharf nach links wendet (Achtung!), verlassen wir ihn und gehen wenige Schritte geradeaus auf das Waldeck zu. Hier findet sich wieder unsere Markierung, die auf schattigem Waldweg bergab zum Sträßchen auf den *Roßberg* führt. Beim ersten Parkplatz (Straßenschild K 19 A) folgen wir nicht der nach links führenden Straße, sondern gehen geradeaus auf dem breiten Weg waldabwärts. Später führt uns die blaue Dreiecksmarkierung abkürzend am neuen Schützenhaus vorbei zum Ausgangspunkt in *Gönningen* (20 Min. seit Parkplatz).

Weglänge etwa 18 km. *Gehzeit* etwa $4^1/_2$ Stunden.

Gesamte Steigung etwa 450 m.

Wanderkarte 1:50000 Blatt L 7520 Reutlingen.

Einkehrmöglichkeit Genkingen und Roßberghaus (Abstecher).
Bemerkung: Wer die Tour noch ausdehnen möchte, kann vom Parkplatz aus in etwa 20 Minuten zum Roßbergturm aufsteigen. Von dort führt der mit blauem Dreieck markierte Weg direkt nach Gönningen.

29

Von Öschingen zum Bolberg und Roßberg

Öschingen, südwestlich von Reutlingen gelegen, bildet den Ausgangspunkt dieser lohnenden Rundwanderung. Unser Weg führt an der Kirche und dem Friedhof vorbei in Richtung zum Freibad. Beim letzten Linksknick der Dorfstraße folgen wir dem blauen Dreiblock der Albvereinsmarkierung geradeaus auf dem Feldweg bergan. Nach einem steilen Anstieg durch den Wald kommen wir nach etwa ½ Stunde auf die Hochwiese des *Filsenbergs.* Der Wiesenweg leitet uns rechts um den Meisenbühl herum, passiert einen Parkplatz und gleich darauf einen Spiel- und Rastplatz mit Feuerstelle und erreicht nach einer Viertelstunde den Wald. Die neuerdings gute Markierung weist nun bei mäßiger Steigung bergan zum *Bolberg,* einer lohnenden Aussichtskanzel samt Esse zum Wurstbraten. (Gut 1 Std. seit Öschingen.) Nun folgen wir der Beschilderung Richtung Genkingen. Nach 5 Minuten wählen wir den schmalen Hangweg halblinks mit der Markierung »Genkingen direkt«, der in reizvollem Abstieg, von Türkenbund, Akelei und Orchideen flankiert, dem Tal zustrebt. Auf gutem Weg erreichen wir nach etwa 1 Stunde Genkingen. Der Rückweg führt zunächst wieder

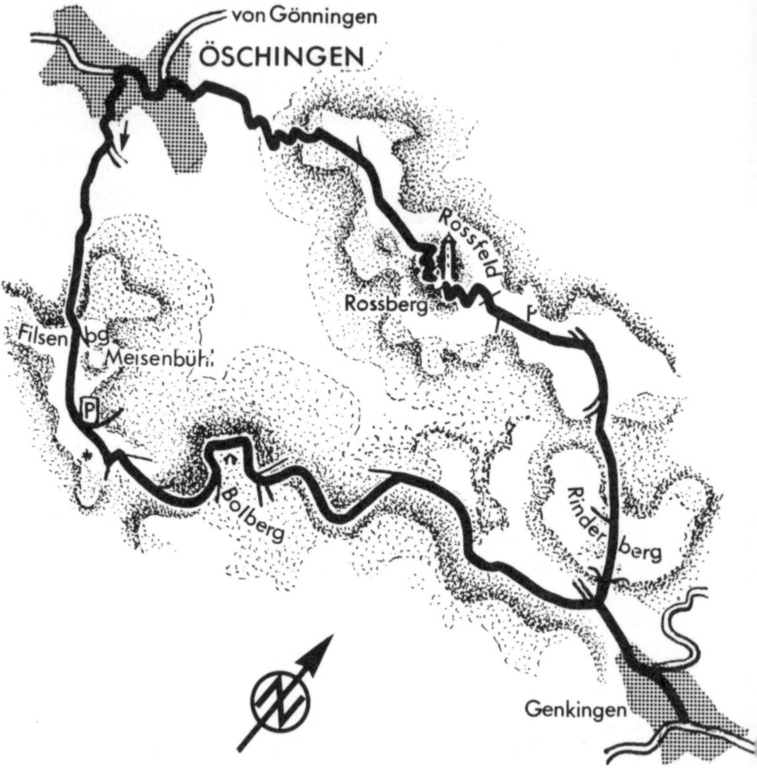

1 Kilometer auf dem Sträßchen zurück, dann steigen wir halbrechts vom roten Dreieck geleitet leicht bergan zum Rinderberg. Achtung! Wo der Weg eine Linkskurve macht gehen wir geradeaus auf den Wald zu, wo der nun wieder markierte Waldweg in wenigen Minuten zum *Roßfeld* hinabführt. Vom Parkplatz geht es im Zickzack zum Aussichtsturm auf dem *Roßberg,* der bei guter Sicht ein prächtiges Panorama über Alb und Schwarzwald bis zu den Alpen bietet. (1 Std. seit Genkingen.) Beim Abstieg folgen wir dem blauen Dreieck zum Roßfeld und schlendern immer längs dem linksseitigen Waldrand über die Hochwiese. Nach etwa ½ Stunde

springt der Traufwald beim *Schönberger Kapf* nach rechts. Hier gehen wir beim Gewannschild »Oberteich« auf schmalem Pfad waldabwärts. Bald vom blauen Dreieck geleitet, erreichen wir nach einer knappen halben Stunde wieder den Ausgangspunkt in Öschingen.

Weglänge etwa 18 km. *Gehzeit* etwa $4^1/_2$ Stunden.

Gesamte Steigung etwa 500 m.

Wanderkarten 1:50 000 Blatt L 7520 Reutlingen und L 7720 Ebingen.

Einkehrmöglichkeiten Genkingen und Roßberg (dienstags geschlossen).

30

Von Talheim zum Kornbühl und Dreifürstenstein

Talheim ist Teilort von Mössingen, zwischen Tübingen und Hechingen, an der Straße Richtung Mägerkingen. Beim Rathaus folgen wir der Kreuzstraße am Gasthaus Engel vorbei bis zum *Höfle.* Hier beginnt unser markierter Weg, unmittelbar daneben finden wir auch Parkmöglichkeit. Wir folgen der roten Raute bergan zum Waldrand, schlendern eben nach rechts und folgen dann der Beschilderung »Kornbühl über Wasserfälle« waldaufwärts. Auf zuletzt sehr steilem Weg kommen wir nach etwa $^3/_4$ Stunden zur freien Hochfläche. Die Beschilderung leitet uns nun in einem Bogen zum *Feldkreuz.* Wenige Schritte rechts davon kann man über die Felder direkt zur aussichtsreichen *Salmendinger Kapelle* auf dem Kornbühl aufsteigen.

Hier müssen wir uns nun entscheiden, ob wir wieder zum Feldkreuz absteigen und auf dem Fahrsträßchen abkürzend zum Dreifürstenstein gehen (Daten in Klammer) oder den weiteren Weg vorziehen, der freilich beschaulicher und aussichtsreicher ist. Hierzu steigen wir auf dem Pilgerweg ab bis zum Parkplatz und folgen bei der dortigen Hütte der Markierung mit rotem Dreiblock nach rechts. Nach etwa ¾ Stunden passieren wir im Wald eine Hütte. 500 Meter danach geht es nach links aus dem Wald, dann markierungsgemäß nach rechts am Waldrand entlang direkt zum Albtrauf. Von nun an folgen wir der durchgehenden Markierung mit rotem Dreieck auf

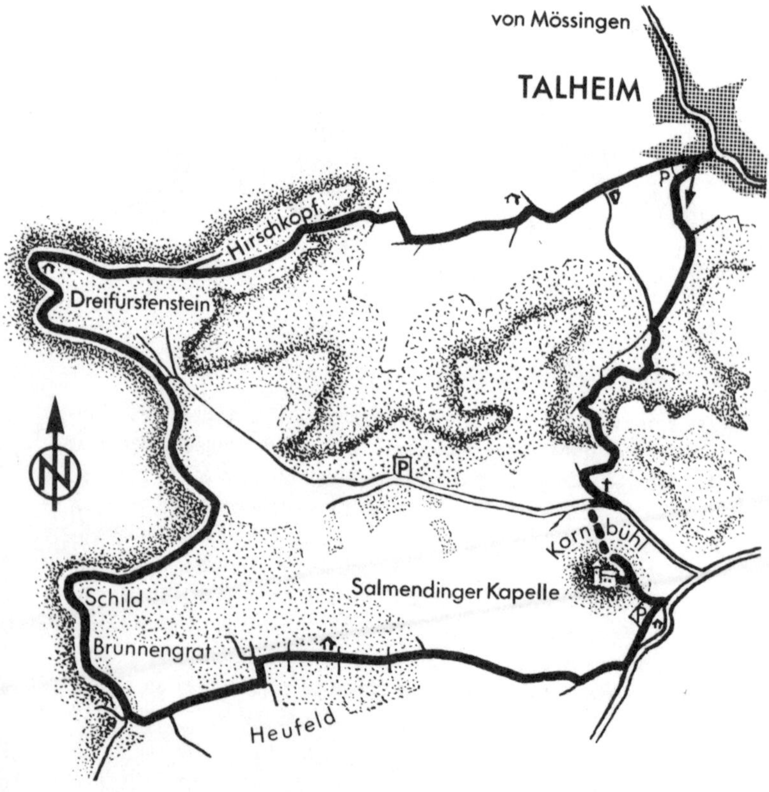

schmalem Pfad stets am Trauf entlang, passieren zuerst einen herrlichen Aussichtsplatz beim *Brunnengrat,* (1½ Stunden seit Kapelle) sowie weitere Rast- und Aussichtspunkte. Nach einer weiteren Stunde kommen wir zum *Dreifürstenstein* mit seinem Panorama von Tübingen über Hechingen zur Südwestalb und zum Schwarzwald.

Die Markierung mit rotem Dreieck weist uns auch den Rückweg. Nach einer Viertelstunde verlassen wir den steilen Trauf und gehen gemäß der Beschilderung nach rechts. Bald geht es steil auf einem Hohlweg bergab. Nach Waldaustritt sehen wir bereits Talheim vor uns, das wir nach $1^1/_4$ Stunden seit dem Dreifürstenstein wieder erreichen.

Weglänge 22 km (17).
Gehzeit 5 Stunden (4).
Steigung etwa 400 m.
Wanderkarte 1 : 50 000 Blatt L 7720 Ebingen.
Bemerkungen: Keine Einkehrmöglichkeit, aber hübsche Rastbänke am Wege. Diese Rundwanderung sollten nur ausdauernde Wanderer unternehmen.

31

Von Onstmettingen zum Zeller Horn und Raichberg

Zwischen Hechingen und Balingen zweigt die Straße nach Onstmetttingen ab. Wo wir von Thanheim kommend das Stichwirtshaus erreichen, stellen wir den Wagen auf einen der verschiedenen Parkplätze. Zwischen den Gebäuden weist ein rotes Dreieck über die Wiese zum nahen Waldrand. Hier wenden wir uns markierungsgemäß nach links und erreichen nach kurzem Anstieg den Traufweg, auf dem wir bei prächtiger Aussicht nach gut einer halben Stunde zum *Heiligenkopf* kommen. Auf immer gut markiertem Weg geht es über eine kleine Senke hinweg (hier entspringt die Schmiecha) in 10 Minuten zum *Blasenberg* mit parkartigem Baumbestand und gleichfalls großartiger Aussicht. Am Hinterhang des Berges folgen wir der Markierung zum Zeller Horn und kommen nach leichtem Anstieg wieder zu einem schmalen Traufweg mit

Blick vom Zeller Horn

schönem Blick auf den nahen Hohenzollern. Nach einer halben Stunde passieren wir den *Zollersteighof,* 30 Minuten später sind wir gemütlich beim *Zeller Horn* angelangt, unmittelbar gegenüber der türmereichen Zollernburg.

Nun gehen wir wenige Minuten auf dem gleichen Weg zurück. Links oben erspähen wir schon bald den *Backofenfelsen*, den wir - einwandfrei markiert - nach einer Viertelstunde erreichen. Dem Steilhang folgend kommen wir nach einer weiteren Viertelstunde zum Aussichtsfelsen *Hangender Stein,* einem riesigen, vom Trauf abgespaltenen Felsvorsprung. Wenn wir nun dem roten Dreiblock folgen, sind wir nach einer knappen Viertelstunde beim *Nägelehaus* und dem Aussichtsturm auf dem *Raichberg.* Von hier aus bedarf es einiger Achtsamkeit, da der auf der Karte markierte Weg in der Natur schlecht auszumachen ist. Wenn wir oberhalb des Hauses entlanggehen, kommen wir zu einem Waldrand. Von der Waldecke führt ein Wiesenpfad auf den halblinks sichtbaren Tannenschopf, diesen umgehen wir links und durchqueren schließlich absteigend den schmalen Waldstreifen. Nun gehen wir aber nicht zum nahen

Zollersteighof hinüber, sondern folgen dem Talweg nach links, passieren eine Trafostation und einen Bauernhof und treffen nach gut einer Viertelstunde (seit Nägelehaus) das Sträßchen nach Onstmettingen. Unser Weiterweg führt durch das vor uns liegende Wiesental, doch müssen wir zur Vermeidung von Flurschaden etwas nach rechts (oder links zu den nahen Aussiedlerhöfen) ausholen, um beim Skilift den Wiesengrund zu erreichen. Wenig später treffen wir wieder auf einen gewalzten Weg, folgen später dem Talweg nach links und kürzen bei den Lichtmasten die Schmiecha überschreitend den Rückweg etwas ab (knapp 1 Stunde seit Nägelehaus).

Weglänge etwa 16 km. *Gehzeit* etwa 3½ Stunden.
Gesamte Steigung etwa 200 m.
Wanderkarten 1:50000 Blätter L 7718 Balingen und L 7720 Ebingen.

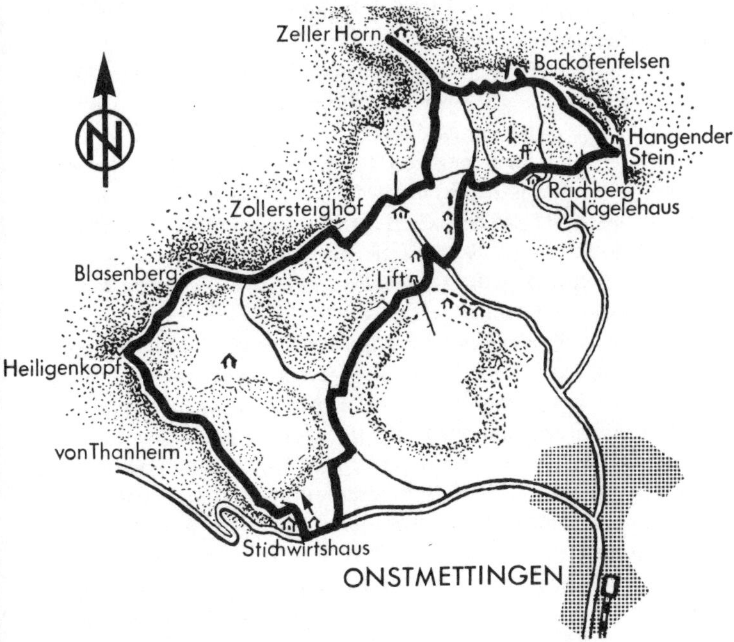

Einkehrmöglichkeiten Zollersteighof, Nägelehaus, Stichwirtshaus.
Bemerkungen: Für schwächere Begleiter läßt sich die Tour leicht variieren, wenn man vom Blasenberg durchs Schmiechatal zum Ausgangspunkt zurückgeht und mit dem Wagen zum Raichberg fährt, wo man zwischen Zeller Horn und Hangendem Stein einen weiteren Spaziergang anschließen kann.

32

Von Tailfingen über den Schloßfelsen zur Linkenboldshöhle

Wir verlassen das aufstrebende Industriestädtchen auf der Straße Richtung Neuweiler, biegen sofort nach der Bahnunterführung nach rechts in die Panoramastraße ein und gehen nach wenigen Schritten zwischen den Häusern Nummer 4 und Nummer 5 die Treppe bergauf. Je nach Ausgangspunkt erreichen wir den aussichtsreichen *Schloßfelsen* nach ½ bis ¾ Stunden.

Markierungsgemäß geht es nun kurz auf demselben Weg zurück, dann über den Skihang, kurz durch den Wald und bei der Schonung sofort links am Trauf über den *Burgberg.* Von der roten Raute geleitet, geht es bei der Feldhütte links am Waldrand hinauf, nach kurzer Walddurchquerung von der Waldspitze auf dem Grasweg nach links abwärts zur Straße und kurz rechts zur Häusergruppe *Neuweiler* (¾ Std. seit Schloßfelsen). Hier folgen wir dem asphaltierten Weg nach links über die freie Hochfläche und erreichen nach einer halben Stunde die *Linkenboldshöhle,* die unauffällig wenige Schritte linker Hand im Wald liegt.

Wir gehen wieder zum Weg zurück und folgen ihm noch knapp 300 Meter, wo wir abkürzend den nach links führenden Grasweg benutzen. Bald sind wir wieder auf dem markierten Weg, gehen an der großen Buche mit Sitzbank vorbei zum nahen Wegweiser, der uns nach rechts über die Talsenke zum Wald leitet. Nach einem kurzen Aufstieg auf teils verwachsenem Weg kommen wir nach etwa einer halben Stunde (seit der Höhle) zum Aussichts- und Rastplatz auf der *»Burg«.*

Ohne fehlgehen zu können kommen wir nach etwa ¾stündigem, gut markiertem Abstieg wieder zum Ausgangspunkt in *Tailfingen.*

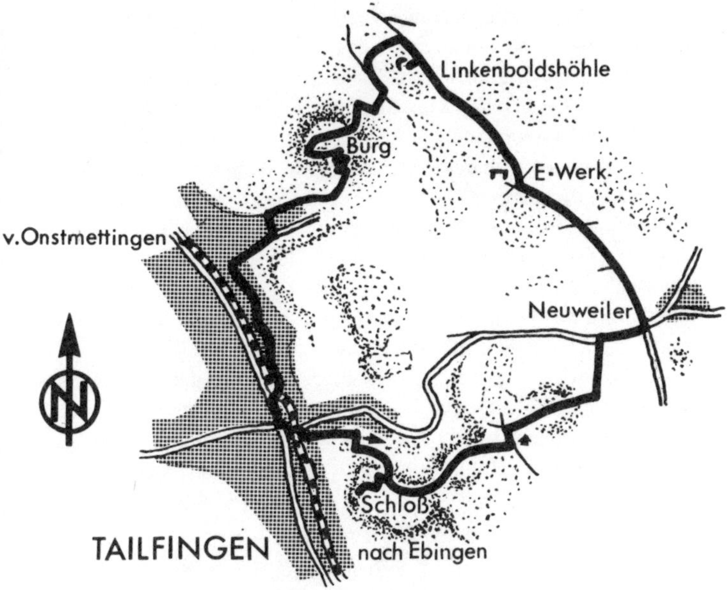

Weglänge etwa 14 km.
Gehzeit etwa 3½ Stunden.
Gesamte Steigung etwa 350 m.
Wanderkarte 1:50000 Blatt L 7720 Ebingen.
Einkehrmöglichkeit Neuweiler.
Bemerkungen: Für den Besuch der auf 250 Meter Länge begehbaren Höhle sollte jede Person eine gute Taschenlampe mitführen. Auch bei gutem Schuhwerk ist des glitschigen Bodens wegen Vorsicht geboten.

33

Von Zillhausen zum Hundsrücken und Irrenberg

Den Ausgangspunkt dieser beglückenden Aussichtswanderung erreichen wir über Frommern, nahe Balingen. Wenige Schritte nördlich der Kirche weist uns ein Schild mit blauem Dreieck in Richtung

Balingen. Am Gasthaus *Hirsch* vorbei gehen wir bergan. Nach dem Tümpel halten wir uns rechts des Wassergrabens und kommen nach einer Viertelstunde zum Wald. Nach einer weiteren Viertelstunde - kurz nach der Ruhebank mit schönem Blick auf Lochen, Hörnle und Gräbelesberg - können wir mit einiger Achtsamkeit einen unnötigen Höhenverlust vermeiden. Achtung: beim Gewannschild »Stadt Balingen I 27 Setze« verlassen wir den markierten Weg und folgen dem unmarkierten etwa 100 Meter nach rechts. Hier treffen wir auf einen breiten Waldweg, dem wir nach rechts folgen wo nach wenigen Schritten wieder die blaue Dreiecksmarkierung erscheint. An einer zerfallenen Waldhütte vorbei kommen wir bald an ein Waldeck mit Blick auf das Dorf Streichen. Von hier an folgen wir bei abwechslungsreicher Szenerie der vorbildlichen Markierung waldaufwärts. Der Aufstieg zum Hundsrücken erfolgt auf einem romantischen Gratweg mit beidseits prächtiger Aussicht: links zum Hohenzollern, Dreifürstenstein, Raichberg mit

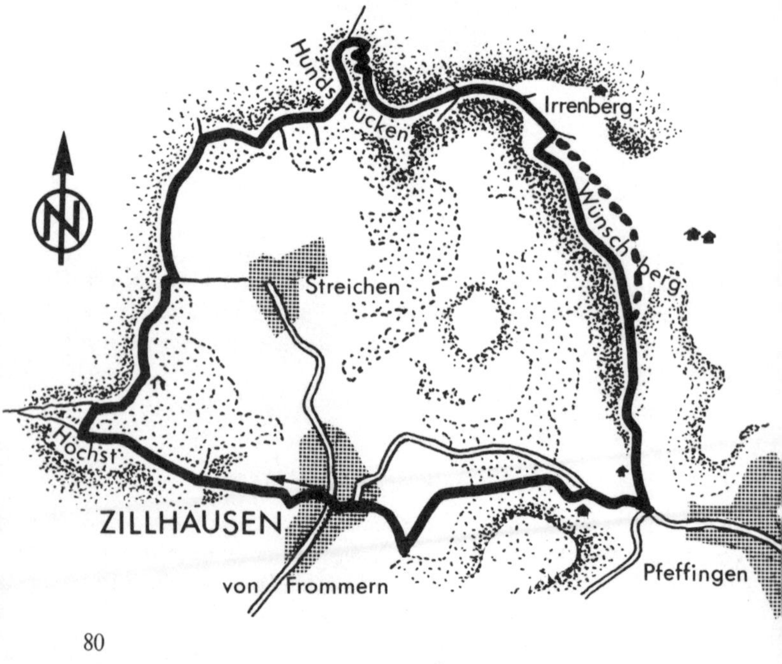

Hechingen und Tübingen, rechts über Balingen bis zum Schwarzwald, bei günstiger Sicht bis zu den Alpen. Nach knapp 2 Stunden (seit Abgang) sind wir auf dem schmalen Plateau des *Hundsrückens,* der 1972 von einem Erdrutsch verändert wurde. Nach einer kleinen Senke (Naturschutzgebiet!) erreichen wir beim Wasserhochbehälter die freie Höhe des *Irrenbergs* und schlendern am rechten Trauf entlang oder auf dem nahen Parallelweg zum *Wünschberg.*

Vom roten Dreieck geführt geht es bergab zum Sattel der Straße Zillhausen-Pfeffingen (1 Std. seit dem Hundsrücken). Wir gehen wenige Minuten auf der Straße nach rechts, wechseln beim Schafhaus auf den Waldweg nach links und kommen auf markiertem Abstieg nach knapp ¾ Stunden wieder zum Ausgangspunkt in *Zillhausen.*

Weglänge etwa 15 km.
Gehzeit etwa 4 Stunden.
Gesamte Steigung etwa 450 m.
Wanderkarte 1:50000 Blatt L 7718 Balingen.
Bemerkungen: Keine Einkehrmöglichkeit, aber herrliche Rastplätze mit vielen Ruhebänken. Besonderes Lob verdient die Albvereinsortsgruppe Bisingen für die treffliche Weganlage und Markierung zum Hundsrücken!

34

Mehrtageswanderung durch die Balinger Berge

Wir beginnen diese außerordentlich eindrucksvolle Rundtour zu den lohnendsten Zielen der Südwestalb in Balingen. Auf einem der beiden markierten Wege steigen wir auf zum *Höchst* und erreichen über den *Geisberg* den imposanten Grataufstieg zum aussichtsreichen *Hundsrücken.* Über den unter Naturschutz stehenden Sattel kommen wir zur Hochfläche des *Irrenbergs* und schlendern auf markiertem Weg am *Zitterhof* vorbei zum *Stichwirtshaus,* nahe bei Onstmettingen. Ein reizvoller Aussichtspfad führt nun über den *Heiligenkopf* und den *Blasenberg* zum *Zollersteighof* und zur Aussichtskante des *Zeller Horns,* direkt gegenüber von Burg Hohenzollern.

Der fortlaufend markierte Randweg führt uns nun zum *Backofenfelsen* und zum *Hangenden Stein.* Ein kleiner Abstecher gilt dem Aussichtsturm auf dem *Raichberg* und dem *Nägelehaus* des Schwäbischen Albvereins. Nun schlendern wir am *Gockeler* vorbei zur *Linkenboldshöhle* und über die *Burg* hinab nach *Tailfingen.* Über Pfeffingen kommen wir nach *Burgfelden* mit dem aussichtsreichen *Böllat* und erreichen über einen Gratweg die Ruine *Schalksburg* mit Prachtblick ins Eyachtal.

Nun gehen wir auf dem Gratweg zurück und folgen der Markierung am Trauf des *Heersbergs* entlang, um nach *Lautlingen* abzusteigen. Auf wiederum markiertem Weg steigen wir durch das *Brunnental* und über die *Hossinger Leiter* wieder auf die Albhochfläche. Ein kleiner Abstecher gilt dem *Gräbelesberg,* einem aussichtsreichen Bergkegel, der einst von einer Völkerburg gekrönt war.

An *Hossingen* vorbei gehts über den *Torbühl* zum *Hörnle* mit seiner senkrecht abfallenden Aussichtskante. In reizvoller Wanderung kommen wir zum *Lochenpaß* und nach kurzem Steilaufstieg zum *Lochenstein* mit seinem weiten Blick ins Albvorland.

Die Markierung führt uns nun zum *Gespaltenen Felsen* auf dem *Schafberg* und nach kurzem Abstieg und letztmaligem Aufstieg zum *Plettenberg,* den wir seines vielfältigen Panoramas wegen umwandern sollten. Der Abstieg erfolgt auf der Nordostseite des Berges, auf der wir den Albtausender erstiegen haben. Von dort führt ein markierter Weg über Roßwangen direkt nach *Balingen* zurück.

Weglänge etwa 90 km. *Gehzeit* etwa 3 bis 4 Tage.

Wanderkarten 1:50000 Blätter L 7718 Balingen, L 7720 Ebingen und L 7918 Spaichingen.

Übernachtungsmöglichkeiten (ohne Gewähr) Stichwirtshaus, Zollersteighof, Nägelehaus auf dem Raichberg, in Onstmettingen, Tailfingen, Pfeffingen, Burgfelden, Lautlingen, im Lochenhotel oder durch Abstecher in Tieringen.

Bemerkungen: Wer die Tour abkürzen will, kann vom Irrenberg nach Pfeffingen absteigen und erreicht dort wieder die beschriebene Route, die man so auf zwei Wandertage reduzieren kann.

35

Von Laufen an der Eyach zum Böllat und zur Schalksburg

Von Laufen, an der Straße von Balingen nach Ebingen gelegen, folgen wir zunächst der Markierung Richtung Schalksburg und Burgfelden. Bereits nach etwa 10 Minuten zweigen wir nach rechts ab in Richtung zum *Felsenmeer.* Auf gut markiertem Weg erreichen wir nach einer weiteren halben Stunde das Schild *Zum Felsenmeer.* Der kleine Abstecher in den kühlen Felskessel lohnt sich, wenn auch der weitere Weg eindrucksvollere Partien aufzuweisen hat. Wir gehen zunächst die 200 Meter bis zur Abzweigung zurück und steigen dann noch ebenso weit aufwärts. Bei Erreichen des Albtraufs gehen wir rechter Hand den grasigen Waldweg weiter. Nach etwa 500 Metern stehen wir auf der imposanten Hochfläche des *Heersbergs* und genießen den Blick zur Schalksburg, zum Böllat und vielen weiteren Albbergen.

Nun schlendern wir nach links der Aussichtskante entlang. Wer abkürzen will kommt dabei direkt zum Gratweg auf die Schalksburg. Wer den kleinen Umweg nicht scheut, geht kurz vorher auf dem Feldweg nach *Burgfelden* und den kurzen Stichweg zur

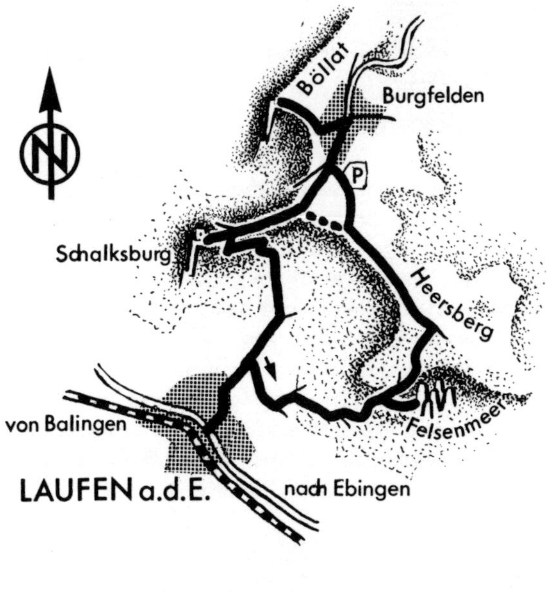

aussichtsreichen Kante des *Böllats* weiter (1¾ Std. seit Laufen). In Burgfelden folgen wir dann dem gut markierten Weg zur *Schalksburg,* einer kühnen Felsbastion mit prächtigem Panorama zum Lochenstein, Hörnle und Gräbelesberg. Zum Abstieg gehen wir zum Burggraben zurück und folgen rechts abwärts dem gut markierten Weg durch den Wald. Durch das Wiesental erreichen wir nach einer guten halben Stunde (1 Std. seit Burgfelden) wieder den Ausgangspunkt.

Weglänge etwa 12 km.
Gehzeit etwa 3 Stunden.
Gesamte Steigung etwa 350 m.
Wanderkarte 1 : 50 000 Blatt L 7718 Balingen.
Einkehrmöglichkeit Burgfelden.
Bemerkungen: Wer die Anstrengung des Aufstiegs vermeiden möchte, kann auch über Zillhausen oder Pfeffingen nach Burgfelden fahren und von dort als kleine Rundtour zum Böllat, zur Schalksburg und zum Heersberg gehen. Im Friedhof befindet sich übrigens das kulturhistorisch interessante romanische Kirchlein St. Michael aus dem 11. Jahrhundert!

36

Von Laufen an der Eyach über die Hossinger Leiter zum Gräbelesberg

Wenn wir auf der in Ortsmitte abzweigenden Straße Richtung Tieringen-Hossingen die Bahn überqueren, geht unser Weg sofort nach links. Nach etwa einer halben Stunde - wenige 100 Meter nach dem Gasthaus Brunnental - weist ein Schild den Weg nach rechts. Der reizvolle Anstieg ist dürftig mit der roten Raute markiert. Am Waldrand nicht links, kurz darauf nicht nach rechts gehen! Waldaufwärts kommen wir bald zu einem schmalen Pfad mit Holzgeländer, der geradewegs zum Talschluß führt. Eine gut gesicherte Eisentreppe ersetzt heute die ehemalige »Hossinger Leiter«, auf der die Bewohner der Albgemeinde einst zur Arbeit ins Tal abstiegen (1 Std.). Nach Überwindung des Felsriegels führt uns ein am Trauf entlang angelegter Weg nach rechts. Im Bereich

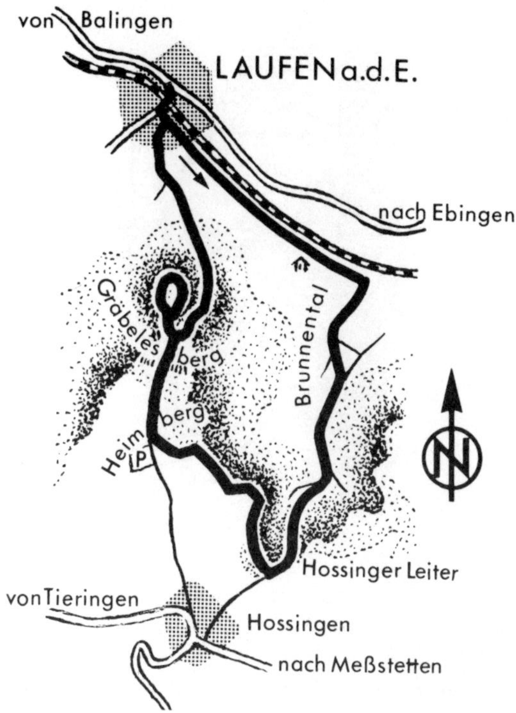

des *Heimberges* beglücken den Wanderer zwei herrliche Aussichtspunkte, im Frühjahr übersät mit blühenden Pulsatilla. Über die erkennbaren Wälle der ehemaligen Fliehburg kommen wir nach einer knappen Stunde (seit der Leiter) zum aussichtsreichen *Gräbelesberg.*

Auf dem Traufweg gehen wir nun nach links, bis wir wieder bei der Wegekreuzung am inneren Wallgraben angelangt sind und folgen hier dem Schild nach links bergab nach *Laufen.* Ohne fehlgehen zu können sind wir in etwa einer halben Stunde wieder am Ausgangspunkt angelangt.

Weglänge etwa 11 km.

Gehzeit etwa 2½ Stunden.

Gesamte Steigung etwa 350 m.
Wanderkarten 1:50000 Blätter L 7718 Balingen und L 7918 Spaichingen.
Einkehrmöglichkeit Gasthaus Brunnental oder Hossingen (Abstecher).

37

Von Tieringen zum Hörnle und Lochenstein

Unser Ausgangsort liegt im Schnittpunkt der Straßen von Balingen nach Beuron und von Ebingen nach Schömberg. Wir folgen in Ortsmitte der Markierung mit roter Raute und halten uns bei der *»Modellia«*-Fabrik nach links. Wo sich bei den letzten Häusern das Sträßchen zum Tal absenkt, folgen wir dem Feldweg nach rechts bergauf zum nahen Wald, wo wir bald wieder die durchgehende Markierung finden. Wir genießen noch einen schönen Blick ins Talende beim *Schlichemursprung,* ehe wir nach kurzem Anstieg das Sträßchen auf der Hochfläche erreichen. Wir überqueren es und folgen dem kurzweiligen Traufweg, erst mit Raute, dann mit Dreieck markiert, und kommen bald zum Steilabfall mit seinem herrlichen Tiefblick. Mit einigem Glück können wir im Kessel des Naturschutzgebietes »Untereck« Gemsen beobachten. Nach einstündiger Wanderung erreichen wir das *Hörnle* mit nochmals prächtiger Aussicht. Am *Ehrenmal* der Gebirgsjäger vorbei geht es nun immer dem Trauf entlang auf der Hochfläche in ¾stündigem Schlendern zum Hotel auf dem Lochenpaß.

In kurzem Steilanstieg erklimmen wir den *Lochenstein* mit seinem Prachtpanorama. Für den Abstieg wählen wir den steilen Pfad in Richtung zum Schafberg, gehen auf dem breiten Weg am neuen Parkplatz vorbei wieder zum Hotelparkplatz, wo uns ein Schild den »Matthias-Koch-Weg« weist, der über einige Stufen waldabwärts führt. Auf schattigem Pfad kommen wir schließlich über eine Wacholderheide zur Feriensiedlung und zum Ausgangspunkt dieser überaus lohnenden Rundwanderung in *Tieringen* (¾ Std. Abstieg).

Weglänge etwa 13 km.
Gehzeit etwa 3 Stunden.
Gesamte Steigung etwa 300 m.
Wanderkarte 1:50000 Blatt L 7718 Balingen.
Einkehrmöglichkeit Lochenhotel.

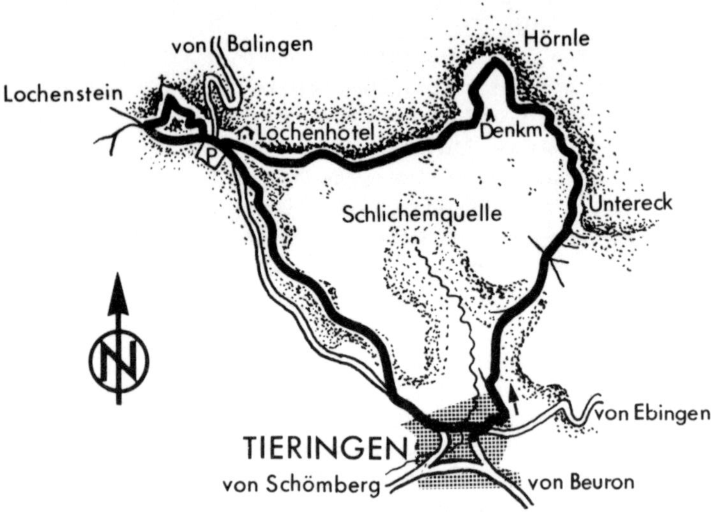

Bemerkung: An der Steilkante des Hörnle und auf dem Lochenstein sollte man der Absturzgefahr wegen kleinere Kinder beaufsichtigen.

38

Von Hausen am Tann über Plettenberg und Schafberg zum Lochenstein und Hörnle

Der Ausgangspunkt liegt unweit von Balingen im lieblichen Schlichemtal. Beim Schulhaus beginnt der markierte Weg zum Plettenberg, doch verlassen wir diesen bereits nach 150 Metern und gehen links über die kleine Brücke. Nach weiteren 100 Metern treten wir nach rechts aus dem Dorf (an Baum befindet sich eine verwitterte rote Raute, die auch künftig unsere Markierung darstellt). Kurz vor Waldeintritt weist ein Zeichen nach links. Nach wenigen Minuten verlassen wir den breiten Waldweg und folgen auf schmalem Pfad der Markierung, nunmehr steil ansteigend, dem zuletzt alpinen Gratweg. Bei prächtiger Szenerie und Aussicht erklimmen wir in wenigen Minuten vollends den Steilabfall des *Plettenberges* beim sogenannten *Burgstall* (1 Std.). Nun schlendern wir dem linksseitigen Trauf entlang, bis wir nach einer guten halben Stunde beim *Schafhaus* einen mehrfachen Wegweiser erreichen. Wir folgen dem Schild *Schafberg-Lochen*, umgehen den riesigen Steinbruch des Dotternhauser Zementwerkes und steigen schließlich entlang dem östlichen Bergrand ab. Die neuerdings gute Markierung mit rotem Dreieck leitet uns abwärts zu einem Holzplatz mit mehrfacher Wegekreuzung. Wir überqueren die Senke und steigen in geradliniger Verlängerung des bisherigen Weges durch die Tannenkultur aufwärts. Nach etwa ¾ Stunden kommen wir beim aussichtsreichen *Hohen Fels* auf den Schafberg. Hier wandern wir nach links zum nahen *Gespaltenen Fels* mit seinem imposanten Felslabyrinth. Nun verlassen wir den Trauf und gehen scharf nach rechts über die Wacholderheide hinab, um anschließend den bereits sichtbaren Gipfel des kühn aufragenden *Lochensteins* zu ersteigen (½ Std.). Markierungsgemäß steigen wir nun ab zur Paßhöhe und gehen am Lochenhotel vorbei in einer knappen Stunde zum *Hörnle*, wo man mit einigem Glück sogar Gemsen beobachten kann. Hier öffnet sich der Blick ins Eyachtal, zur Schalksburg, zum Böllat und Grä-

Blick vom Schafberg

belesberg. Nun gehen wir zurück bis zum alleinstehenden Baum, folgen weglos dem Trauf bis zum Wegweiser, der uns nach rechts durch das hier beginnende *Schlichemtal* in 1¼ Stunden nach *Tieringen* leitet. Auf dem Feldweg links am Hang oberhalb der Straße wandern wir in ¾ Stunden zum Ausgangspunkt nach Hausen zurück.

Eine abkürzende Variante dieser sehr lohnenden, aber anstrengenden Tour zeigt die auf der Planskizze punktierte Linie. In diesem Fall gehen wir von der Paßhöhe am Lochen zurück in Richtung Schafberg. Bevor der Weg ansteigt, weist die rote Raute der Albver-

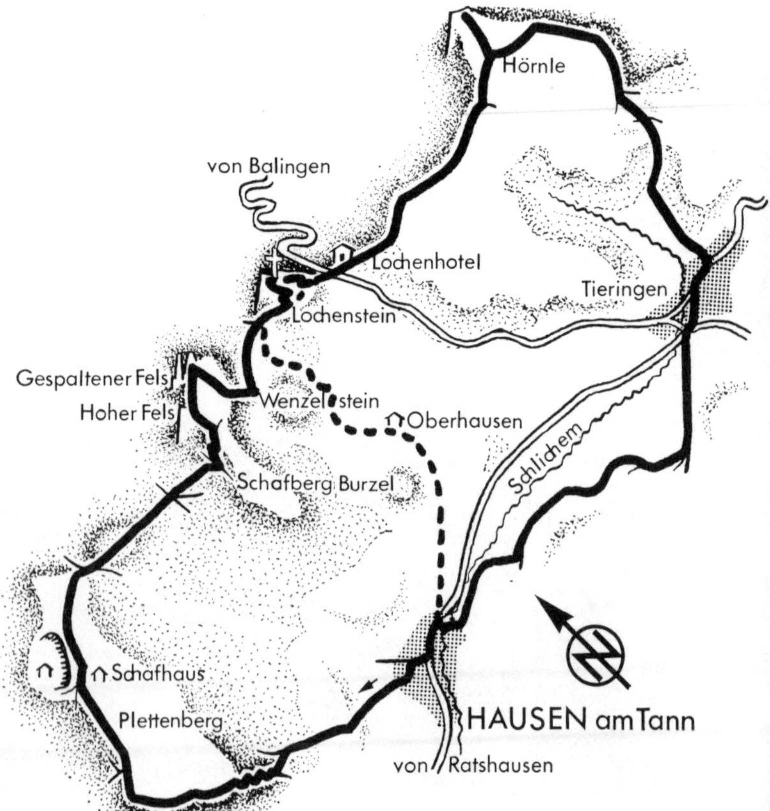

einsmarkierung auf dem verkehrsfreien Sträßchen nach links zum Hof *Oberhausen.* Bei angenehmem Abstieg erreichen wir nach ¾ Stunden *Hausen a. T.* Die Daten dieser kleineren Wanderung sind in Klammern angegeben.

Weglänge etwa 24 km (15 km).

Gehzeit etwa 6 Stunden (4 Std.).

Gesamte Steigung etwa 600 m (500 m).

Wanderkarten 1:50000 Blätter L 7918 Spaichingen und L 7718 Balingen.

Einkehrmöglichkeiten Berghotel Lochen und Tieringen.

39

Von Wehingen zum höchsten Berg der Alb

In Wehingen, zwischen Balingen und Spaichingen gelegen, befinden sich schön geschnitzte Wandertafeln, die uns den Weg für die kleine Rundtour weisen. Wir folgen der Markierung mit rotem Dreiblock, gehen nach Überschreiten des ehemaligen Bahndamms 50 m nach links und steigen dann zum kapellengeschmückten *Bürgle* auf. Die gelegentliche Markierung führt uns rechts am Waldschopf vorbei (¼ Std.). Hier erreichen wir ein von rechts kommendes Schottersträßchen, dem wir wenige Minuten waldaufwärts folgen. Nun weist unsere Markierung nach links,

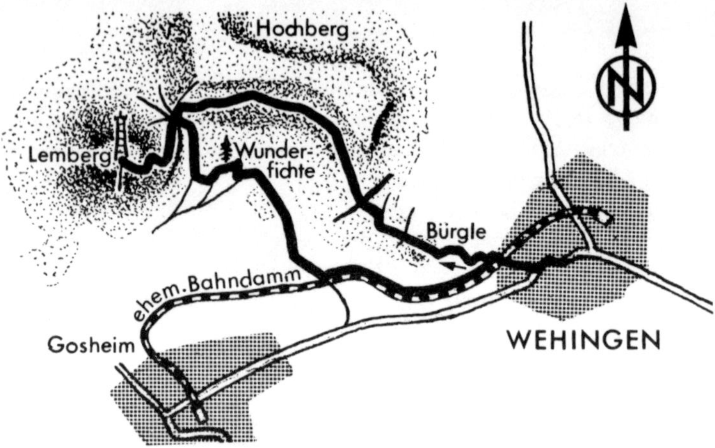

wo wir auf ebenem, breiten Waldweg nach halbstündigem Wandern den von rechts kommenden »Nordrandweg« erreichen, dem wir nach links bis zur großen Wegespinne folgen. Von hier geht es auf gut erkennbarem, schmalem Waldpfad in einer knappen Viertelstunde steil zum *Lemberg,* dem höchsten Gipfel der Alb (1015 m). Vom stählernen Aussichtsturm des Albvereins genießt man bei schönem Wetter eine prächtige Rundsicht entlang dem Südwestrand der Alb, zu den nahen Höhen des Schwarzwaldes bis zu den Schneebergen der Alpen. Für den Abstieg wählen wir zunächst den vorher begangenen Waldpfad, zweigen aber bei der Wegespinne markierungsgemäß nach rechts ab. Später leitet uns die rote Raute der Albvereinsmarkierung 250 Meter über eine Wiese mit schönem Tannenbestand zur sogenannten Wunderfichte, einem kandelaberartigen Baumriesen von sehenswertem Wuchs. Nun gehen wir über die Wiese zur gegenüberliegenden Tannengruppe und folgen am Auffüllplatz entlang dem breiten Weg talabwärts. Nach einer Viertelstunde erreichen wir den ehemaligen Bahndamm, folgen ihm kurz nach links und wechseln dann auf den Parallelweg, der uns nach einer weiteren Viertelstunde wieder zum Ausgangspunkt führt.

Weglänge etwa 9 km. *Gehzeit* etwa 2½ Stunden.
Gesamte Steigung etwa 250 m.
Wanderkarte 1 : 50 000 L 7918 Spaichingen.

40

Von Egesheim zum Heidentor und zur Ruine Granegg

Ausgangspunkt dieser reizvollen kleinen Rundwanderung ist der aufstrebende Industrieort *Egesheim* im unteren Bäratal, zwischen Wehingen und Beuron. Wir verlassen das Dorf bei der Kirche auf der Straße Richtung Bubsheim, folgen aber bereits nach 100 Meter der rechter Hand parallel laufenden alten Aufstiegsstraße (beim Haus Nummer 8 mit gelber Raute schwach markiert). Etwa 100 Meter oberhalb des letzten Hauses weist ein Schild scharf nach rechts, beim Kruzifix wenige Schritte oberhalb biegt unser Weg endgültig nach links waldaufwärts. Nun immer geradeaus gehend kommen wir nach knapp ¾ Stunden zu einer markanten Wegekreuzung (Gewannschild »Gemeindewald Bubsheim IV 3 Minksteigle«). Hier gehen wir scharf rechts den grasigen Waldweg bergauf und kommen nach etwa 5 Minuten zur Hochfläche. Achtung: erst ganz oben bei den Schildern »Pfarrwald Egesheim I Oberburg« und »Stiftungswald Egesheim IV Heidentor« gehen wir fast weglos 50 Meter halblinks auf den jenseitigen Trauf zu und stehen dann unvermittelt über dem aus den Felsen gewaschenen *Heidentor* (Funde aus der Hallstattzeit 800 bis 400 v. Chr.). Ein schöner Blick auf Reichenbach im Bäratal rechtfertigt außerdem den kurzen Abstecher.

Nun gehen wir zur Waldkreuzung zurück und wandern in der alten Richtung weiter. Fast eben kommen wir nach einer Viertelstunde abermals zu einer Kreuzung an einer schönen Waldwiese mit Kruzifix und schönem Buchenbestand. Hier folgen wir dem roten, beziehungsweise gelben Dreiblock nach links und erreichen nach etwa 20 Minuten das hochgelegene *Bubsheim.*

Wir gehen an der romanischen Kirche vorbei bis zum östlichen Ortsausgang, lassen die Häuser Nummer 34 und 35 rechts, die große Fabrik links und gehen auf breitem Feldweg auf den Waldrand zu. An einem Feldkreuz vorbei kommen wir nach einer Viertelstunde zu einer unter Naturschutz stehenden Buche. Bald danach weist endlich wieder eine Markierungstafel (100 m vor einem Kruzifix) nach links in den Wald die Richtung zur *Ruine Granegg,* die

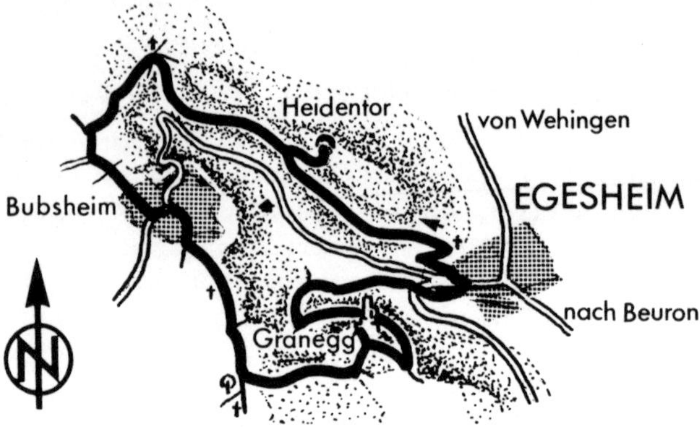

wir nach etwa ¾ Stunden seit Bubsheim erreichen. Gleich unterhalb der Ruine aus dem 11. Jahrhundert bietet ein Felssporn einen prächtigen Talblick.

Nun folgen wir dem Traufweg, verlassen ihn aber in der Senke beim Schild »Nach Egesheim« auf dem waldabwärts führenden Pfad. Durch den Bau eines neuen Holzabfuhrweges ist der zu Tal führende Weg verschüttet. Wir folgen deshalb dem breiten Waldweg nach links, bis er in das nach rechts führende Tal einmündet. Nach halbstündigem Abstieg finden wir so leicht zum Ausgangspunkt in *Egesheim* zurück.

Weglänge etwa 12 km.
Gehzeit etwa 3 Stunden.
Gesamte Steigung etwa 250 m.
Wanderkarte 1:50000 Blatt L 7918 Spaichingen.
Einkehrmöglichkeit Bubsheim.
Bemerkung: Bei genauer Beachtung der Wegbeschreibung ist die Route trotz der miserablen Markierung leicht zu finden.

41

Von Böttingen zum Klippeneck und Dreifaltigkeitsberg

Böttingen, oberhalb Gosheim bei Spaichingen, ist eines der höchstgelegenen Dörfer Württembergs. Als Ausgangspunkt dieser bequemen Rundwanderung wählen wir den Parkplatz beim Kruzifix,

2 Kilometer außerhalb des Ortes an der Straße nach Gosheim. Wir folgen der guten Markierung durchs *Längenloch* zum nahen *Segelflugplatz,* den wir an der linksseitigen Absperrung umgehen. Bereits nach ¾ Stunden erreichen wir die Aussichtskante beim Hotel auf dem *Klippeneck.*

Nun schlendern wir, dem roten Dreieck folgend, durch den parkartigen Wald mit schönen Rast- und Aussichtsplätzen in leichtem auf und ab zum *Dreifaltigkeitsberg* (¾ Std.).

Für den Rückweg geht es zunächst einige Minuten auf der alten Route am Trauf entlang, dann auf dem breiten Waldweg mit gelbem Dreieck in Richtung Böttingen. Wo dieser Weg nach links abbiegt,

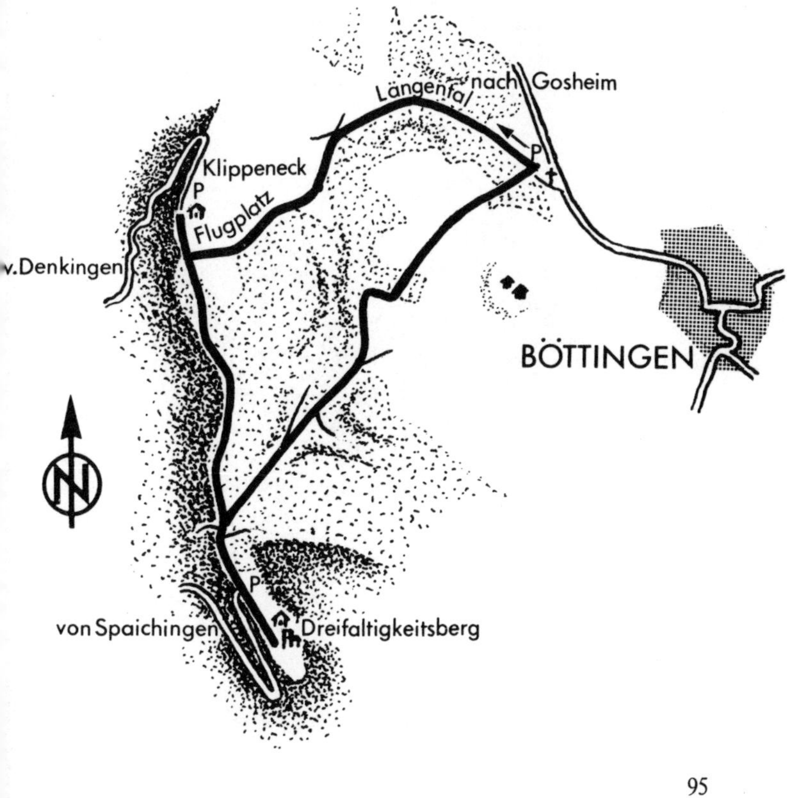

weist unsere Markierung geradeaus den Grasweg bergab. Nach einer Wegegabelung erreichen wir markierungsgemäß eine freie Hochfläche. Hier gilt für uns die Markierung mit rotem oder gelbem Dreiblock, der wir am linksseitigen Waldrand entlang folgen. Später geht es einer Tannenschonung entlang nach rechts, inmitten derselben auf einem Grasweg nach links. Der Weg führt alsdann durch die Wiesen geradewegs zum Ausgangspunkt auf dem Waldparkplatz zurück (gut 1 Std. seit Dreifaltigkeitsberg).

Weglänge etwa 12 km.

Gehzeit etwa 3 Stunden.

Gesamte Steigung etwa 150 m.

Wanderkarte 1:50000 Blatt L 7918 Spaichingen.

Einkehrmöglichkeit Klippeneck und Dreifaltigkeitsberg.

Bemerkung: Eine leichte, aber durchaus lohnende Familienwanderung.

42

Von Dürbheim durchs Ursental zum Dreifaltigkeitsberg

Unser Ausgangspunkt Dürbheim liegt wenige Kilometer südöstlich von Spaichingen. Oberhalb der Kirche gehen wir auf dem Wiesenweg halbrechts (an dem Masten vorbei) zum nahen Waldrand und von dort das sogenannte »Schleifensteigle« rechter Hand aufwärts zum Albtrauf (½ Std.). Hier folgen wir dem breiten Wanderweg nach rechts, am nahen Gasthaus *Risiberg* vorbei, waldabwärts ins *Ursental.* Nach links schlendern wir nun dreiviertel Stunden talauf. Bei der Skiliftstation erreichen wir die Straße, der wir nach links 1 Kilometer bis zur Gabelung folgen. Hier weist uns die bescheidene Markierung ins *Birental*, ebenfalls ein stilles Trockental. Nach weiteren ¾ Stunden weitet sich das Tal. Am

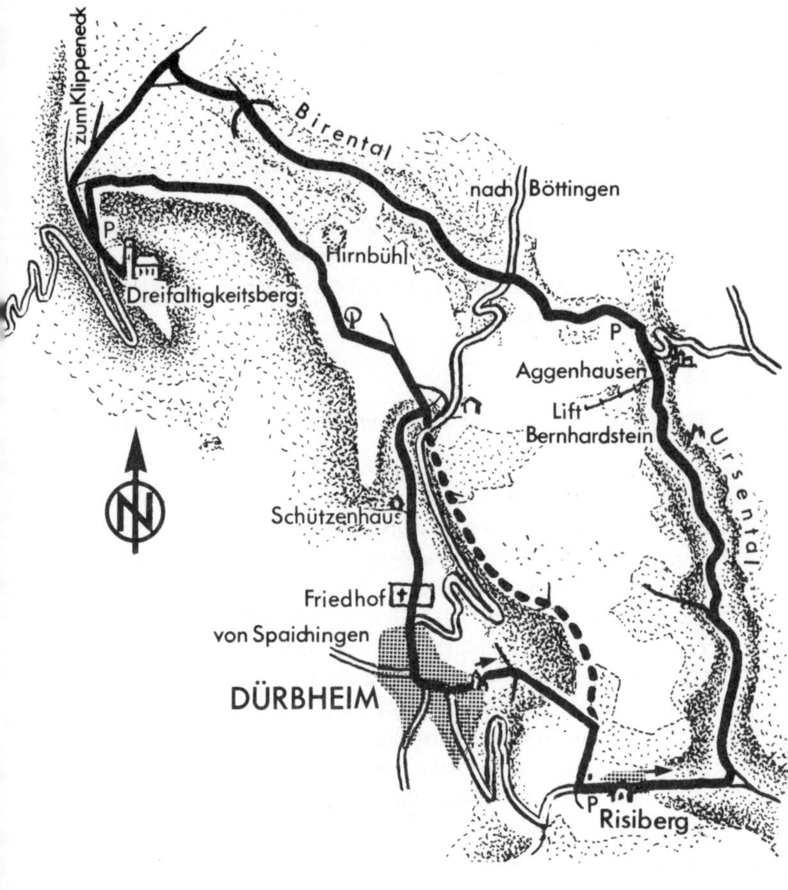

Ende der Tannenschonung geht es links bergan in einer knappen halben Stunde zum aussichtsreichen Dreifaltigkeitsberg. Bis zum nahen Parkplatz gehen wir denselben Weg zurück, folgen dann aber der Markierung mit rotem Dreieck rechter Hand in den Wald. Beim Waldaustritt halten wir zunächst auf den einzelstehenden Baum zu, dann auf die vor uns liegenden Gebäude (1 Std. seit Dreifaltigkeitsberg). Unmittelbar vor der Straße führt die »Alte Heusteig« zunächst steil bergab. Vom Schützenhaus ab geht es auf geteertem Weg zum Friedhof und ins Dorf zurück (½ Std.).

Weglänge etwa 18 km. *Gehzeit* etwa 5 Stunden.

Gesamte Steigung etwa 400 m.

Wanderkarte 1 : 50 000 Blatt L 7918 Spaichingen.

Einkehrmöglichkeiten Risiberg und Dreifaltigkeitsberg (dienstags geschlossen).

Bemerkungen: Eine Wanderung für Menschen, die gerne einsame Wege gehen! Wer den Anstieg vermeiden will, kann auch bis Risiberg fahren. Die punktierte Linie zeigt den markierten Rückweg dieser Variante.

43

Von Nendingen durchs Ursental zum Risiberg und Rußberg

Ausgangspunkt für diese beschauliche Wanderung ist der *Bahnhof Nendingen,* wenige Kilometer ostwärts von Tuttlingen. Wir folgen der Ursentalstraße jenseits des Bahnkörpers und biegen beim Feldkreuz auf dem geteerten Feldweg ins Ursental ein. Bereits nach einer halben Stunde beginnt das Trockental seine Reize zu entfalten, nach einer weiteren halben Stunde lädt eine kleine Hütte zum Rasten ein. Von hier sind es noch 20 Minuten bis zur Gabelung des Weges, der uns nach links ansteigend in einer Viertelstunde zum *Weiler Risiberg* führt.

Beim Transformatorenhaus kurz nach dem Gasthof folgen wir dem roten Dreieck der Albnordrandlinie nach links bergan zum Wald und genießen den gut markierten Weg über die Hochfläche zum *Weiler Rußberg,* dessen erste Häusergruppe wir nach einer halben Stunde erreichen.

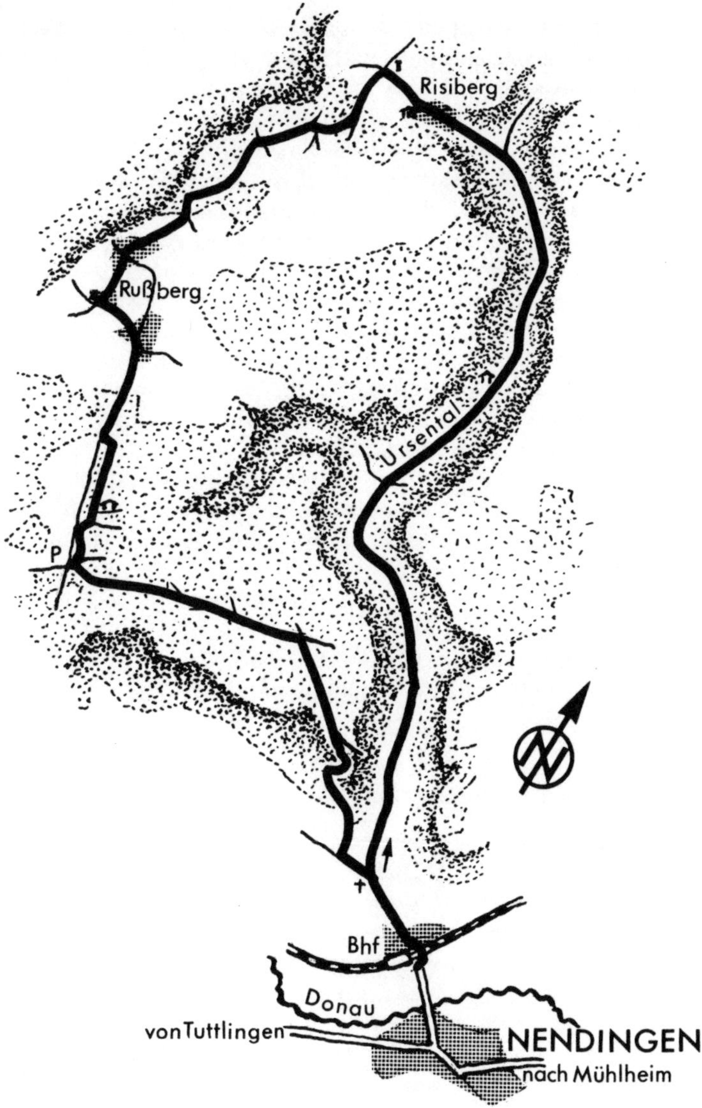

Risiberg
Rußberg
P
Ursental
Bhf
Donau
von Tuttlingen
NENDINGEN
nach Mühlheim

Etwa 100 Meter nach der Wirtschaft *»Krone«* gehen wir links zu der etwa 300 Meter entfernten Häusergruppe. An der Kreuzung beim Gasthaus *»Rose«* biegen wir nach rechts ein und gehen am Backhaus und an der mit Wegtafeln versehenen Scheune vorbei auf der Straße zum nahen Wald. Bald führt uns ein schmaler Parallelpfad links im Wald weiter zu einer reizend gelegenen Rasthütte (¼ Std.). Nach weiteren 10 Minuten kommen wir zu einer fünffachen Wegekreuzung mit Parkplatz. Hier folgen wir dem zweiten Weg nach links, unmittelbar nach der Sitzbank (Tafel »Rundwanderweg Ghai-Altenberg«) und einem verwitterten Schild »Nach Nendingen«. Bei der Wegegabelung kurz nach der Lichtung folgen wir weiterhin unserem breiten Waldweg nach rechts (»Gem. Wurmlingen I 21 Mittl. Gehren«). Nach einer halben Stunde seit dem Parkplatz geht der Weg in einen Grasweg über. Achtung: beim Hochsitz mit Futterstelle geht es unmittelbar rechts davon noch etwa 300 Meter geradeaus zum Trauf, wo alsbald zwischen den Gewannschildern »II 2 Schoren« und »II 1 Schalkenberg« ein Hohlweg bergab führt und beim Feldkreuz wieder den Weg zum *Bahnhof* erreicht. (Abstieg ½ Std.).

Weglänge etwa 19 km. *Gehzeit* etwa 4½ Stunden.
Gesamte Steigung etwa 300 m.
Wanderkarte 1:50000 Blatt L 7918 Spaichingen.
Einkehrmöglichkeit Risiberg und Rußberg.

44

Von Fridingen über die Kolbinger Höhle nach Mühlheim

Ausgangspunkt für diese lohnende, aber anstrengende Aussichtswanderung ist das alte Städtchen *Fridingen,* zwischen Tuttlingen und Beuron im Donautal. Unser Weg führt Richtung Bahnhof, an der *DESMA*-Fabrik vorbei, durch die Bahnunterführung donauaufwärts. Nach einer halben Stunde passieren wir das schlichte *Heiligenbrünnele,* 10 Minuten später weist ein Schild nach rechts waldaufwärts zur »Kolbinger Höhle-Mühlheim«. Nach knapp halbstündigem Steilanstieg stehen wir unmittelbar vor der Raststätte bei der *Kolbinger Höhle.*

Eingang zur Kolbinger Höhle

Nun folgen wir dem Randweg mit einigen schönen Aussichtsfelsen und kommen nach einer Viertelstunde zum *Langenfels* mit schönem Tiefblick ins Hintelestal. Auf breitem Trampelpfad weiter dem Trauf entlang erreichen wir nach etwa 200 Meter den markierten Weg, der uns nach links zum Talschluß des unter Naturschutz stehenden Hintelestals führt. Sogleich geht es wieder leicht bergauf zum Waldrand, wo die Pfeilmarkierung sehr irritieren kann. Wir müssen hier nämlich nach links! Kurz darauf am Ende der eingezäunten Schonung geht es markierungsgemäß nach rechts in den Tannenwald. Achtung: nach knapp 50 Meter nicht nach rechts gehen, sondern unmarkiert und auf unscheinbarem Pfad geradeaus über den breiten Querweg hinweg weiter durch den Wald! Unvermittelt stehen wir alsbald am Trauf *»Beim gelben Felsen«,* dessen herrliche Rast- und Aussichtsplatte wir auf einem Trampelpfad etwa 100 Meter linker Hand erreichen.

Für den Abstieg gehen wir die paar Schritte zurück und dann den markierten Pfad durch die *Felsenhalde,* an einer Höhle vorbei, bei schöner Szenerie abwärts zum Altstädter *Friedhof* und zum nahen Städtchen *Mühlheim* (2¼ Std. seit Fridingen).

Wer genügend Zeit hat, sollte unbedingt einen Rundgang durch den historischen und malerischen Ortskern unternehmen! Unser Rückweg beginnt indes beim Transformatorenhaus an der Brücke,

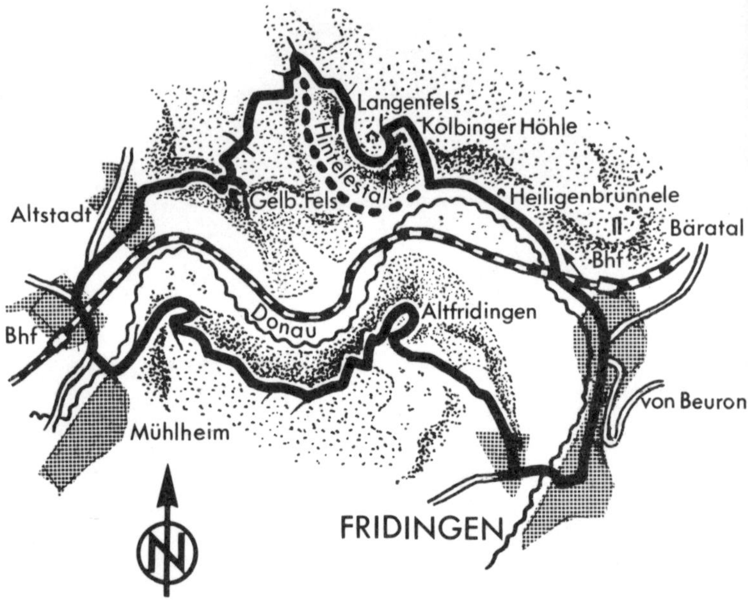

wo eine Markierungstafel halbrechts hangaufwärts weist. Nach etwa 20 Minuten mündet unser Wiesenpfad in einen breiten Weg, dem wir in Serpentinen zur Höhe folgen. Nach etwa einer Viertelstunde wählen wir den nach links abzweigenden Randweg, der einige schöne Aussichtsfelsen passiert und verhältnismäßig gut markiert ist. Nach etwa 1¼ Stunden seit Mühlheim erklimmen wir den Burgberg *Altfridingen.* Außer einer kitschigen Erinnerungstafel ist von der Burg freilich nichts mehr zu besichtigen. Gleich darauf befinden wir uns wieder auf der Waldwiese, wo uns ein Schild den Abstieg nach *Fridingen* weist, das wir in einer halben Stunde wieder erreichen.

Weglänge etwa 17 km.

Gehzeit etwa 4 Stunden.

Gesamte Steigung etwa 500 m.

Wanderkarte 1:50000 Blatt L 7918 Spaichingen.

Einkehrmöglichkeit Hütte bei der Kolbinger Höhle (im Sommer samstags und sonntags geöffnet) sowie in Mühlheim.
Bemerkungen: Unter Verzicht auf die Kolbinger Höhle mit Felsentor und Langenfels, kann man auch weniger steil durch das für seine Frühlingsflora berühmte Hintelestal aufsteigen (siehe Skizze).

45

Von Fridingen nach Beuron und zum Schloß Bronnen

Wenn wir das freundliche Städtchen bei der Kirche und am neuen Schulhaus vorbei verlassen, weist ein Schild und die rote Dreiecksmarkierung bergauf. Schon nach 20 Minuten stehen wir auf dem aussichtsreichen *Laibfelsen,* im Frühjahr übersät mit den blauen Kelchen der (geschützten) Pulsatilla. Weiter aufsteigend kommen wir an einer Kapelle vorbei nach weiteren 20 Minuten zum schroff zur Donau abfallenden, imposanten *Stiegelefels.* Nun gehen wir auf der freien Hochfläche weiter, bis uns am Waldeck eine Markierung mit gelber Raute nach links zum *Knopfmacherfels* führt, den wir bequem nach einer halben Stunde erreichen. Die Aussichtskanzel bietet einen einzigartigen Blick über die Donauschleife zwischen Beuron und Schloß Bronnen. Am Trauf weitergehend führt ein bequemer Hangweg in einer knappen Stunde nach *Beuron* mit seiner berühmten Benediktinerabtei. Auf der Straße nach Buchheim verlassen wir den Ort und biegen dann bei der Markierung rechts ab ins *Liebfrauental.* Nach der Grotte steigt der Weg leicht an zum *Gallushof* und zum Schloß *Bronnen* (¾ Std.). Auf sehr steilem Steig geht's in einer Viertelstunde an einer riesigen Höhlung vorbei hinab zum *Jägerhaus.* Weniger Trittsichere gehen besser schon vor dem Hof direkt zum Tal. Auf dem idyllischen Talweg kommen wir bald zur ehemaligen Bronner Mühle, die 1960 samt ihren Bewohnern durch einen nächtlichen Erdrutsch vernichtet wurde. Kurz vor dem Scheuerlehof führt ein kleiner Abstecher zur felsigen *Teufelsküche,* einem perfekten Szenenbild für die Wolfsschlucht in Webers Freischütz. Wir umgehen den *Scheuerlehof* und kommen kurz darauf zum Donausteg bei der *Ziegelhütte.* Bei Niedrigwasser empfiehlt es sich hier, wenige 100 Meter flußaufwärts zu gehen, wo man die Donauversickerung beobachten kann. Der Weg nach Fridingen führt indes bei der Brücke geradeswegs über die *Schelmenhalde* (knapp 2 Std. seit Schloß Bronnen).

Weglänge etwa 19 km. *Gehzeit* etwa 4½ Stunden.

Gesamte Steigung etwa 350 m.

Wanderkarte 1 : 50 000 Blatt L 7918 Spaichingen.

Einkehrmöglichkeiten Knopfmacherfels, Beuron, Jägerhaus.

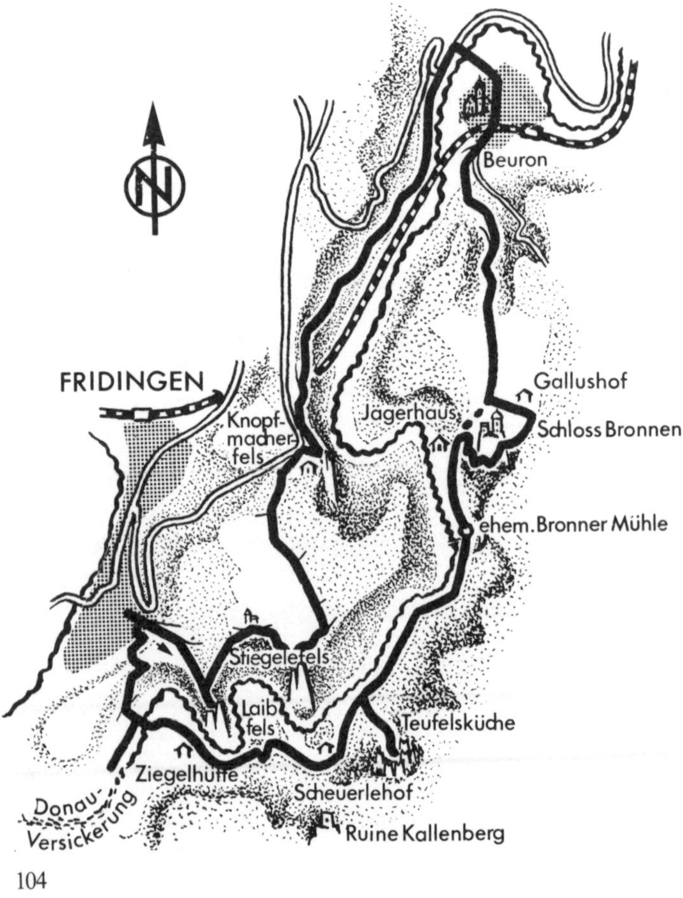

46

Von Beuron über Werenwag zur Burg Wildenstein

Wir beginnen die prächtige, wenn auch anstrengende Tagestour beim Bahnhof Beuron. Der rote Dreiblock der Albvereinsmarkierung führt uns über den Donausteg zur Straße, der wir auf dem Gehweg etwa 500 m talabwärts folgen. Hier verlassen wir Straße und Dreiblock und folgen der roten Raute durchs *Hirschental* aufwärts zum *Rauhen Stein,* den wir in einer knappen Stunde erklimmen. Gleich unterhalb des schönen Wanderheims des Albvereins erwartet uns ein überwältigender Blick auf das Gewirr von Straße, Fluß und Bahn im engen Tal der Donau. Ein Randweg führt uns gut markiert in 20 Minuten zum *Eichfelsen,* der erstmals den Blick auf Schloß Werenwag freigibt. Auf gutem Weg geht es nun abwärts ins *Finstertal* und gleich wieder steil aufwärts zum *Korbfelsen* mit Promenadeblick zum nahen Schloß. Gleich darauf (1¼ Std. seit Eichfelsen) erreichen wir *Werenwag,* wo wir nicht versäumen sollten, die prächtige Aussicht vom *Schreifels* (alpines Kletterparadies) und vom *Echofels* zu genießen. Auf steilem Pfad geht's nun in einer Viertelstunde abwärts zum Weiler *Langenbrunn* (rotes Dreieck). Wenige Schritte flußaufwärts gehend überqueren wir die Donau und folgen dem breiten Weg zum Waldrand. Hier gehen wir nicht den markierten Weg am Ufer entlang, sondern steigen das Waldsträßchen aufwärts, geradeswegs auf den Felskessel zu. Nach der ausgedehnten Höhle des *Hohlen Felsens* erreichen wir eine Wegkreuzung und schließen uns nun dem mit Dreiblock markierten Wanderweg nach rechts an. Kurz nach dem Gipfelkreuz des *Hohlen Felsens* geht es etwa 1 Kilometer schnurgerade durch den Wald. Ein kleiner Abstecher zum nahen *Bandfelsen* bietet einen einzigartigen Ausblick auf Burg Wildenstein und das scharf eingeschnittene Tal. Die nahe Burg erfordert aber noch mehr als eine halbe Stunde Gehzeit (2 Std. seit Langenbrunn), doch ist ihr Besuch äußerst lohnend. Nach der Besichtigung dieses mittelalterlichen Kleinods mit Zugbrücke, Burggraben,

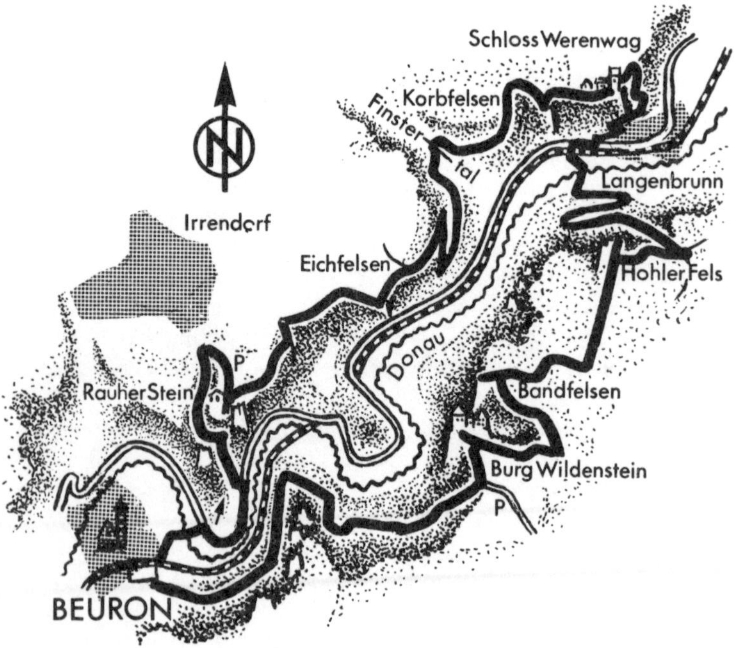

Ziehbrunnen und Burgschenke schlendern wir gemächlich talwärts und erreichen nach einer Stunde wieder Beuron.

Weglänge etwa 26 km.
Gehzeit etwa 6 Stunden.
Gesamte Steigung etwa 700 m.
Wanderkarten 1 : 50 000 Blätter L 7918 Spaichingen und L 7920 Sigmaringen.
Einkehrmöglichkeiten Rauher Stein (dienstags geschlossen) und Wildenstein (montags geschlossen).

47

Von Kreenheinstetten zu den Ruinen Wagenburg und Langenfels

Diese abwechslungs- und aussichtsreiche Rundtour hat den Vorteil, daß der Ausgangspunkt bereits auf der Hochfläche liegt. Wir erreichen den Ort mit dem Wagen am besten von Hausen im Donautal aus. An einem Baum gegenüber dem Rathaus weist eine Tafel zur *Bildeiche,* die wir vom blauen Dreieck geführt leicht erreichen. Der nun mit rotem Dreiblock markierte Weg führt direkt zum Traufwald und passiert unterwegs prächtige Aussichtsfelsen. Nach etwa 1¼ Stunden kommen wir zum *Schloßfelsen* bei der Ruine *Wagenburg* mit abermals herrlicher Aussicht ins Donautal.

Nun geht es auf meist schmalem Pfad bergauf und bergab markierungsgemäß in etwa 35 Minuten zur *Ruine Langenfels* mit dem vorgelagerten Lenzenfels. Wir befinden uns hier direkt gegenüber dem Schaufelsen und genießen einen der großartigsten Aussichtspunkte im oberen Donautal!

Wir folgen nun weitere 20 Minuten der Dreiblockmarkierung in Richtung Neumühle und kommen dann bei geringem Höhenverlust auf den breiten, direkten Weg nach *Kreenheinstetten,* das wir laut Markierungstafel ohne fehlgehen zu können nach 3,1 Kilometer wieder erreichen.

Weglänge etwa 13 km.
Gehzeit etwa 3 Stunden.
Gesamte Steigung etwa 200 m.

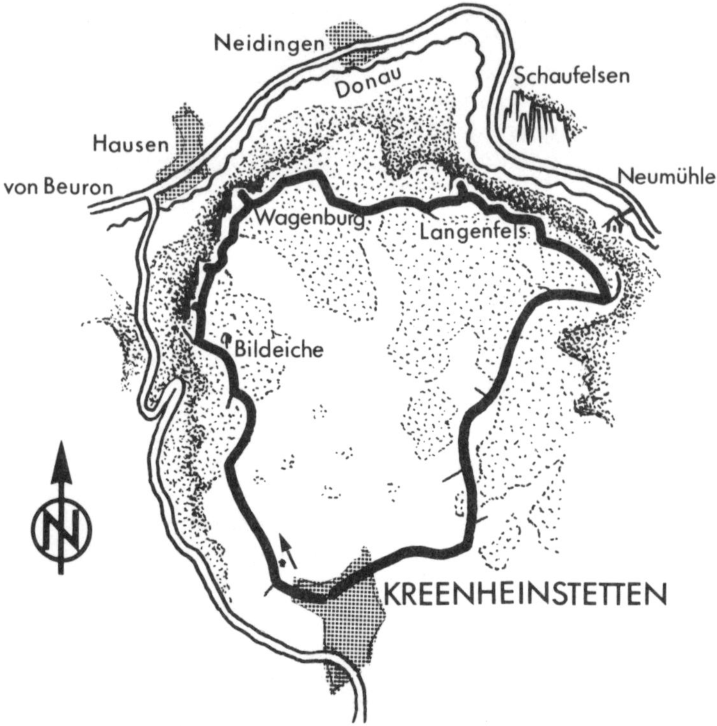

Wanderkarte 1:50000 Blatt L 7920 Sigmaringen.
Bemerkung: Ein großer Teil der gut markierten Strecke führt über die freie Hochfläche, weshalb die Route an sehr warmen Tagen nicht zu empfehlen ist.

48

Von Neidingen über den Schaufelsen zum Falkenstein

Als Ausgangspunkt für diese prächtige Wanderung wählen wir den kleinen Weiler *Neidingen* an der Bahnlinie zwischen Sigmaringen und Beuron. Wir folgen der Markierung durch die *Schlucht,* einer wildromantischen Talenge, steil aufwärts. Auf kunstvollem Steig überwinden wir den Felsriegel beim *Fall.* Nach gut einer halben Stunde geht's markierungsgemäß nach rechts zur Hochfläche. Auf ebenem Waldweg passieren wir nach etwa 20 Minuten die *Steighöfe.* Immer am Trauf entlang genießen wir die Ausblicke vom *Hülbfels* und dem *Mühlefels* und kommen nach etwa 30 Minuten zum *Schaufelsen.* Der exponierte Gratweg über die bizarren Felstürme ist durchgehend gesichert. An den rund 170 Meter hohen senkrechten Felswänden - den höchsten der ganzen Alb - üben Kletterer bei Schwierigkeitsstufen extremster Dolomitenrouten.

Nach kurzem Abstieg geht es nochmals leicht aufwärts zur Felsbastion der *Ruine Falkenstein* (½ Std.). Hier ist freilich nur die obere Burgruine zu begehen, die kühn aufragende untere Ruine Falkenstein ist von keiner Seite aus zugänglich. Wir gehen deshalb nochmals zurück zum prächtigen Aussichtsfelsen kurz vor den Ruinen und werfen einen letzten Blick auf die großartige Szenerie, ehe wir unmittelbar unter unserem Aussichtspunkt (wenige Meter rückwärts in Richtung Schaufelsen) auf unmarkiertem, aber gut erkennbarem, steilem Pfad in einer Viertelstunde zur *Neumühle* absteigen. Auf dem jenseitigen Uferweg schlendern wir, angesichts der begangenen Felswände, in ¾ Stunden zum Ausgangspunkt Neidingen zurück.

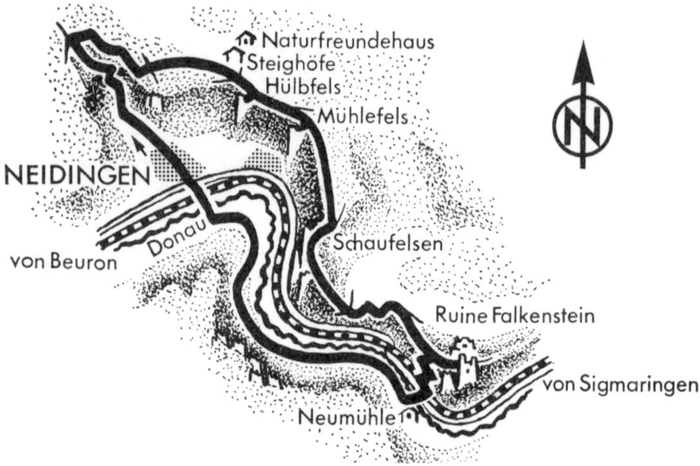

Weglänge etwa 13 km.
Gehzeit 3 Stunden (oder wesentlich mehr!).
Gesamte Steigung etwa 300 m.
Wanderkarte 1 : 50 000 Blatt L 7920 Sigmaringen.
Einkehrmöglichkeiten Naturfreundehaus bei den Steighöfen (nur am Wochenende geöffnet) oder Gasthof Neumühle.
Bemerkungen: Man sollte sich für diese Genußwanderung unbedingt einen ganzen Tag Zeit lassen!

49

Von Gutenstein zur Ruine Gebrochen Gutenstein und zum Teufelslochfelsen

Wir beginnen die abwechslungsreiche Rundtour beim *Bahnhof Gutenstein,* wenige Kilometer donauaufwärts von Sigmaringen. Schild und Markierung mit rotem Dreieck weisen den Weg am Bahndamm entlang. Bald geht es leicht bergan über einen Aussichtsfelsen im Wald und durch einen lieblichen Wiesengrund hinab zum Hofgut bei der *Ruine Dietfurt* (20 Min.).

Auf der Straße geht es kurz nach rechts und sofort wieder markierungsgemäß nach links. Der rote Dreiblock führt uns erst am Waldrand entlang, dann leicht ansteigend durch den Wald zur freien Hochfläche. Hier halten wir uns auf dem breiten Weg am Waldrand, gehen beim Kruzifix linker Hand abwärts und folgen schließlich dem Schild »Känzele-Grotten«. Gut markiert geht es am *Nickhof* vorbei vollends bergab zum *Bahnhof Inzigkofen* (1½ Std. seit Abgang).

Gleich beim Bahnhof führt der markierte Pfad waldaufwärts. Bei der Wegekreuzung nach 5 Minuten gehen wir weiterhin geradeaus bergan. Nach einer Viertelstunde folgen wir dem Weg mit rotem Dreieck eben nach links. Nach wenigen Schritten erreichen wir die Aussichtskanzeln bei der *Ruine Gebrochen Gutenstein* mit Prachtblick ins Tal.

Auf gut markiertem Pfad geht es waldabwärts zum Bahndamm und an diesem entlang zur neuen Straßenbrücke, die wir talaufwärts überqueren. Unmittelbar nach der Brücke verlassen wir wieder die Straße und steigen gemächlich den breiten Waldweg bergan. Wo der mit rotem Dreieck markierte Weg nach links abgeht, folgen wir dem nun mit rotem Dreiblock bezeichneten Weg vollends zu den Feldern auf der Hochfläche. Hier geht es links am Waldrand entlang, dann auf teils schmalem Pfad durch den Wald zum aussichtsreichen *Teufelslochfelsen* (gut ½ Std. seit der Brücke). In

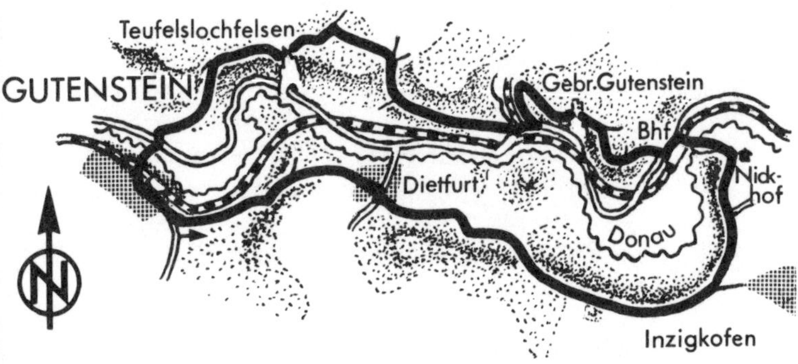

angenehmem Abstieg erreichen wir nach 20 Minuten wieder den Ausgangspunkt.

Weglänge etwa 13 km.

Gehzeit etwa 3 Stunden.

Gesamte Steigung etwa 300 m.

Wanderkarte 1:50000 Blatt L 7920 Sigmaringen.

Einkehrmöglichkeit beim Bahnhof Inzigkofen.

Bemerkung: Unter Verzicht auf den Teufelslochfelsen läßt sich die Tour von Dietfurt ausgehend um etwa eine Stunde abkürzen.

50

Mehrtageswanderung durch den schönsten Teil des Donautals

Das attraktivste Gebiet der Schwäbischen Alb liegt zweifellos entlang der jungen Donau zwischen Mühlheim und Sigmaringen. Für eine mehrtägige Tour empfiehlt sich als Ausgangspunkt der kleine *Bahnhof Inzigkofen,* wenige Kilometer westlich von Sigmaringen. Ein gut markierter Pfad führt zur aussichtsreichen *Ruine Gebrochen Gutenstein.* Gleichfalls markiert geht es über Unterschmeien zum *Teufelslochfelsen.* Von hier aus kann man entweder markiert nach Gutenstein absteigen und direkt nach Tiergarten gehen oder auf der Höhe zu den Höfen »Auf dem Berg« weiter wandern und von dort nach *Tiergarten* absteigen. Mit dem Anstieg zur *Ruine Falkenstein* und dem anschließenden Weg über den *Schaufelsen* erleben wir einen der Höhepunkte dieser Tour.

Fast eben geht es nun über die Steighöfe zum *Schloß Hausen.* Der angenehme Weg führt zum malerisch gelegenen *Schloß Werenwag* und nach kurzem Abstieg ins Finstertal bergauf zum aussichtsreichen *Eichfelsen* und zum *Rauhen Stein,* gleichfalls mit Prachtblick auf Beuron und seine flankierenden Felsbastionen.

Ein kurzer Steilabstieg bringt uns nach *Beuron* mit seinem bekannten Kloster, von wo wir auf schattigem Waldweg zum *Knopfmacherfels* aufsteigen. Der Prachtblick über den Donaudurchbruch beim Schloß Bronnen gehört zu den weiteren Höhepunkten der Route.

Ein ebener Weg führt uns über die Hochfläche zum ehemaligen *Burgstall* mit der imposanten Szenerie beim *Stiegelefels.* In kurzem Abstieg kommen wir zum Wendepunkt der Tour in *Fridingen.* Über die *Schelmenhalde* kommen wir zur Donauversickerung bei der Ziegelhütte. Dann schlendern wir mit viel Wandergenuß talwärts, an der durch Erdrutsch abgegangenen Bronner Mühle vorbei zum *Jägerhaus* und in kurzem Steilaufstieg zum kühn aufragenden *Schloß Bronnen.* Der markierte Weg führt durch den Wald zum *Steighof* und weiter zur *Burg Wildenstein,* einem weiteren Höhepunkt der Strecke.

Vom *Bandfelsen* bietet sich nochmals ein herrlicher Blick auf die Burg, dann gehts fast eben zum *Hohlen Felsen* und zum *Schloßfelsen* bei der *Ruine Wagenburg.* Der weiterhin gut markierte Pfad führt uns zur *Ruine Langenfels* mit dem Lenzenfelsen. Der Blick übers Tal zum nahen Schaufelsen gehört zum Schönsten, was die außerordentlich lohnende Wanderung zu bieten hat.

Der gute Weg führt nun hinab zur Neumühle und von dort am Ufer entlang oder abkürzend über den Bergrücken nach *Gutenstein.* Über Dietfurt und den Nickhof gelangen wir ohne Schwierigkeit wieder zum Ausgangspunkt beim *Bahnhof Inzigkofen.*

Weglänge etwa 90 km.

Gehzeit 3 bis 4 Tage.

Wanderkarten 1:50000 Blätter L 7920 Sigmaringen und L 7918 Spaichingen.

Übernachtungsmöglichkeiten (ohne Gewähr) Gutenstein, Tiergarten, Naturfreundehaus bei den Steighöfen (Anmeldung erforderlich), durch Abstecher in Unterneidingen und Hausen im Tal. Albvereinswanderheim Rauher Stein (Anmeldung zu empfehlen), evtl. im nahen Irrendorf, sowie in Beuron. Hotel Knopfmacherfels, und vor allem in Fridingen. Auf der Rückroute sind die Quartiere seltener: Jägerhaus, durch Abstecher in Beuron und Kreenheinstetten, Neumühle und Gutenstein.

Bemerkungen: Aus den erwähnten Karten sind noch viele Sehenswürdigkeiten und Aussichtspunkte zu entnehmen, die entlang der Strecke liegen. Schwierigkeiten bei der Quartierfindung dürfte es hauptsächlich an Feiertagen und in der Urlaubszeit geben!